Nietzsche
e a crítica da Modernidade

Domenico Losurdo

Nietzsche
e a crítica da Modernidade

EDITORA
IDEIAS&
LETRAS

Direção Editorial: Marlos Aurélio	Copidesque: Ana Rosa Barbosa
Conselho Editorial: Avelino Grassi Fábio E. R. Silva Márcio Fabri dos Anjos Mauro Vilela	Revisão: Thiago Figueiredo Tacconi Diagramação: Tatiana Alleoni Crivellari
Tradução: Alessandra Siedschlag	Capa: Tatiane Santos de Oliveira

Título original: *Nietzsche e la critica della modernità – per una biografia politica* © Manifestolibri, 1997
Via Tomacelli 146, Roma (Itália)
ISBN: 88-7285-124-6

Todos os direitos em língua portuguesa, para o Brasil, reservados à Editora Ideias & Letras, 2020.

3ª reimpressão

Rua Barão de Itapetininga, 274
República - São Paulo /SP
Cep: 01042-000 – (11) 3862-4831
Televendas: 0800 777 6004
vendas@ideiaseletras.com.br
www.ideiaseletras.com.br

**Dados Internacionais de Catalogação na Publicação (CIP)
(Câmara Brasileira do Livro, SP, Brasil)**

Nietzsche e a crítica da Modernidade / Domenico Losurdo
[tradução Alessandra Siedschlag]
São Paulo: Ideias & Letras, 2016
Série Pensamento Dinâmico

Título original: *Nietzsche e la critica della modernità:
per una biografia politica*

ISBN 978-85-5580-009-2

1. Nietzsche, Friedrich Wilhelm, 1844-1900 - Contribuição à filosofia política I. Título. II. Série.

15-11047   CDD-193

Índice para catálogo sistemático:

1. Filosofia alemã   193

Sumário

I. Biobibliografia | 7

II. A história e os efeitos | 13

1. A crise da cultura, de Sócrates à Comuna de Paris | 15
2. Crítica da "civilização" e deslegitimação | 24
do moderno
3. Da negação da consciência histórica | 30
à sua radicalização
4. *Otium*, trabalho e escravidão | 37
5. Moral dos rebanhos, moral dos senhores | 43
e "duplicidade"
6. Política e epistemologia | 49
7. A Revolução Francesa, a socrático-platônica | 54
e a judaico-cristã
8. Radicalidade, "inatualidade" e fissuras | 59
do projeto reacionário
9. Eterno retorno, vontade de potência | 70
e aniquilação dos malsucedidos
10. Metáfora e história | 78

Referências | 85

I.

Biobibliografia

A vida

Nascido em Röcken, no estado de Saxônia (Alemanha), em 15 de outubro de 1844, estuda Filologia Clássica em Bonn e em Lipsia. Nesta última cidade, depara-se casualmente com *O mundo como vontade e representação* e se impressiona. Com apenas 24 anos, é chamado a assumir a cátedra de Filologia Clássica na Universidade da Basileia, onde conhece o grande historiador Jacob Burckhardt, que o influencia profundamente com seus estudos de cultura grega. Remonta a este período sua amizade com Richard Wagner (que conhecera em 1868) e Cosima von Bülow, que vivem em Tribchen, no Lago dos Quatro Cantões. Em 1879, por razões de saúde, mas também por irriquietude espiritual, Nietzsche abandona o ensino universitário. Começa assim um período de vagabundagem de uma cidade a outra, de uma pensão a outra, entre a Suíça, a Itália e a França meridional, em busca de uma cura que não chegará jamais. Em 1882, conhece Lou Salomé, uma jovem russa, fascinante, culta e despudorada, que impacta profundamente também o filósofo, que, enamorado, propõe-lhe casamento. Mas ela prefere se unir a Paul Rée, amigo e discípulo de Nietzsche.

A longa vagabundagem iniciada em 1879 termina dez anos depois, em Turim. Em 3 de janeiro de

| 10 *Nietzsche e a crítica da Modernidade*

1889, o filósofo é abatido pela loucura. Seus cuidados são confiados primeiro à sua mãe (em Naumburg) e depois à sua irmã, que o leva a Weimar. Ali Friedrich Nietzsche morre em 25 de agosto de 1900, sem jamais conhecer o sucesso mundial que enfim sorria para sua obra.

A obra

Depois dos primeiros trabalhos de caráter propriamente filológico, *O nascimento da tragédia no espírito da música*, publicado em 1872, representa o momento de passagem da filologia à filosofia. Tal contaminação desencadeia a furiosa reação de Wilamowitz (um jovem destinado a conquistar celebridade mundial nos estudos da antiguidade clássica), que o classifica como "filologia do futuro". Entre 1873 e 1876, Nietzsche publica as *Considerações extemporâneas*: as últimas duas, a terceira e a quarta, são dedicadas à obra respectivamente de Schopenhauer e Wagner, os dois pontos de referência essenciais desse período. O rompimento com ambos fica evidente com a publicação, em 1878, de *Humano, demasiado humano. Um livro para espíritos livres* (dedicado a Voltaire no centenário de sua morte), ao qual depois se unem *Opiniões e sentenças diversas* (1879) e *O andarilho e sua sombra* (1880), dois apêndices sucessivos coletados para constituir o segundo volume de *Humano, demasiado humano*. Seguem *Aurora. Pensamentos sobre o preconceito moral* (1881) e *A gaia ciência* (1882): são as obras do chamado período "iluminista". Com a publicação de *Assim falou Zaratustra. Um livro para todos e para ninguém* (1883-1885), inicia um período de produção que se torna cada vez mais intenso e febril, à medida que a vida consciente do filósofo se aproxima do fim. Em 1886, sai *Além do bem e do mal. Prelúdio a uma filosofia do futuro*. É do ano seguinte a *Genealogia da moral. Uma polêmica*. Em 1886 vêm à luz *O caso Wagner. Um problema para músicos* e *O crepúsculo dos ídolos. Ou como filosofar com o martelo*. Também *O anticristo* está pronto para ser impresso e quase terminados estão *Ecce homo* (um esboço de autobiografia intelectual) e *Nietzsche contra Wagner*. Seriam publicados respectivamente em 1895, em 1908 e em 1889. Em alto-mar ficam os projetos relativos ao que Nietzsche, entre alterações e retornos, pareceu considerar sua obra principal: *Vontade de potência*, tem sua primeira edição publicada em 1901, e, em segunda, bastante ampliada, em 1911, por Peter Gast (o musicista amigo e discípulo do filósofo) e Elisabeth-Förster-Nietzsche (irmã do filósofo).

II.
A história e os efeitos

1. A crise da cultura, de Sócrates à Comuna de Paris

Publicada no começo de 1872, a obra *O nascimento da tragédia*, que assinala a estreia filosófica de Nietzsche, não pode ser compreendida sem a Comuna de Paris e a guerra franco-prussiana que vieram imediatamente antes de sua publicação. A correspondência e os fragmentos do tempo esclarecem de forma inequívoca a intensidade com que foi vivida a nova onda revolucionária para além do Reno e como foram dolorosas e indeléveis as marcas deixadas por ela. Com a notícia do incêndio do Louvre por parte dos insurgentes,

> *fiquei durante alguns dias inteiramente arrasado e desfeito em lágrimas e dúvidas; se um único dia bastava para suprimir as mais esplêndidas obras de arte e até mesmo épocas inteiras da arte, então toda a existência dedicada à arte, à filosofia e à ciência me pareciam um absurdo.*[1]

---

1 Carta a C. v. Gersdorff de 21 de junho de 1871, *in: Nietzsche Briefwechsel. Kritische Gesamtausgabe*, por G. Colli e M. Montinari. Munique-Berlim-Nova York: De Gruyter, 1975 ss., v. II, 1, p. 204; tradução italiana *in:* NIETZSCHE, F. *Epistolario di Friedrich Nietzsche*, por G. Colli e M. Montinari. Milão: Adelphi, 1976, v. II, p. 195. Seja para estes textos de Nietzsche ou para aqueles dos outros autores, não apontamos as ações eventualmente feitas nas traduções italianas utilizadas.

|16   *Nietzsche e a crítica da Modernidade*

Em seguida, a notícia se revela falsa, mas isso não modifica um estado de ânimo, liricamente expresso por um fragmento de alguns anos depois:

> *Outono – sofrimento-restolhos-licnídeas, asteráce-as. O mesmo de quando chegou a notícia do suposto incêndio do Louvre – sentimento do outono da civilização. Jamais uma dor tão profunda.*[2]

O balanço histórico-teórico da Comuna de Paris é assim formulado em um parágrafo central de *O nascimento da tragédia*: por causa do "otimismo", a civilização vai ao encontro de uma "destruição horrenda"; a "fé na felicidade terrena de todos" faz tremer a sociedade "até seus estratos mais profundos", disseminando o descontentamento em "uma classe barbárica de escravos", que, seduzida por ideias utópicas, agora percebe "sua existência como uma injustiça" e explode em revoltas incessantes. O cristianismo não conseguia barrar tal onda destrutiva, diminuído a "religião douta", e, portanto, com poucos seguidores, decrescente entre as massas populares, e sobretudo também sendo contagiado pelo "espírito otimista" do presente.[3] O cristianismo "pelagianizado" e esquecido do pecado original que

---

2 *Nachgelassene Fragmente (1875-1879)*, in: NIETZSCHE, F. *Sämtliche Werke. Kritische Studienausgabe in 15 Bänden* (de agora em diante, *KSA*), por G. Colli e M. Montinari. Munique-Berlim-Nova York: De Gruyter-DTV, 1980, v. VIII, p. 504, tradução italiana *in: Opere di Friedrich Nietzsche*, por G. Colli e M. Montinari. Milão: Adelphi, 1972 ss., v. IV, 3, p. 285.
3 *Die Geburt der Tragödie aus dem Geiste der Musik*, in: *KSA* v. 1, p. 117, tradução italiana *in: Opere di Friedrich Nietzsche, cit.*, v. III, 1, p. 120-121.

pesa sobre a existência humana já foi denunciado por Schopenhauer, a quem Nietzsche, nesta época, atribui o mérito de lhe haver "tirado dos olhos as vendas do otimismo".[4] Por isso o jovem filósofo começa a ir além neste caminho, decididamente colocando em discussão a totalidade da religião dominante no Ocidente, conjugada ao futuro, em que a ideia da felicidade para todos, em uma dimensão ultraterrena, tem um papel demasiadamente importante.

O remédio não pode ser encontrado nem mesmo na grecidade, se esta continua a ser interpretada à maneira dos neoclassicistas, como sinônimo de serenidade imperturbada e imperturbável. Tal interpretação tem na realidade apenas um aspecto, o apolíneo, testemunhado em primeiro lugar pela escultura. A tragédia e a música nos colocam, entretanto, na presença de uma dimensão diversa e mais profunda. Acuado, obrigado a revelar uma verdade que preferiria manter escondida, Sileno, seguidor de Dionísio, lacera os cintilantes véus apolíneos e desnuda o abismo da existência:

> *Estirpe miserável e efêmera, filho do acaso e do tormento, por que me obrigas a dizer-te o que seria para ti mais salutar não ouvir? O melhor de tudo é para ti inteiramente inatingível: não ter nascido, não ser, nada ser. Depois disso, porém, o melhor para ti é logo morrer.*

---

4   Carta a H. Mushacke de 11 de julho de 1866, *in: Nietzsche Briefwechsel Kritische Gesamtausgabe, cit.*, v. I, 2, p. 140, tradução italiana *in: Epistolario di Friedrich Nietzsche, cit.*, v. I, p. 441.

| **18**   *Nietzsche e a crítica da Modernidade*

Tal verdade dionisíaca assume uma expressão transfigurada e fantástica na arte apolínea, que desenvolve uma função também socialmente benéfica à medida que ajuda o homem a suportar "os terrores e as atrocidades da existência". Mas esquecer este fundo obscuro e terrível seria como validar os tormentos do mártir cristão a partir de sua "visão extática".[5] A intensidade trágica e dionisíaca do mundo grego encontra uma expressão potente no Prometeu, de Ésquilo, que, destruindo a visão do progresso própria de "uma humanidade ingênua", coloca em evidência "o inteiro fluxo de dores e angústias", que já comporta a invenção do fogo.[6] O significado político de tal mito é mais tarde precisado em um texto contemporâneo: *O nascimento da tragédia*; "o abutre que devora o fígado do fautor prometeico da cultura" proclama uma verdade de uma vez para sempre, que, entretanto, "soa cruel": "*a escravidão pertence à essência de uma cultura*".[7] Então, o desejo da felicidade terrena para todos, que cada vez mais caracteriza o mundo moderno, revela-se tolo.

Portanto, a celebração superficialmente iluminista e progressista de Prometeu e o esquecimento do abutre (e de Sileno) já começaram em terras gregas. "O homem dionisíaco" sabe que não é possível "mudar nada na essência eterna das coisas",

---

5   *Die Geburt der Tragödie aus dem Geiste der Musik, cit.*, p. 35, tradução italiana *cit.*, p. 31-32.

6   IVI, p. 69, tradução italiana *cit.*, p. 68-69.

7   *Der griechische Staat, in: KSA*, v. I, p. 767, tradução italiana *in: Opere di Friedrich Nietzsche, cit.*, v. III, 2, p. 226-227.

compreende que todo sonho de palingênese social e político é "ridículo ou infame", o desejo de "reordenar o mundo que está fora dos eixos".[8] Mas, com Sócrates, veremos "o homem teorético"[9] e o "otimista teórico" desenvolver sua "fé na atingibilidade da natureza das coisas"[10] e pretender "corrigir a existência".[11] Não há mais espaço para a arte e para a tragédia, esta também começando, com Eurípides, a se tornar raciocinante. No lugar da grecidade trágica e dionisíaca, agora entre a alexandrina, que repousa sobre uma contradição insanável e desastrosa: como qualquer cultura, "precisa, para poder existir de forma durável, de uma classe de escravos; mas esta, em sua concepção otimista da existência, nega a necessidade de tal classe", e proclama, em vez disso, a "dignidade do homem" e a "dignidade do trabalho",[12] lançando assim as premissas para o incessante e destrutivo ciclo revolucionário, para as sucessivas ondas de revoltas servis, que destroem a França e a Europa. Portanto, é preciso ver em Sócrates (e em seu *pendant* literário que é Eurípides) "o ponto decisivo e o vértice da assim chamada história universal".[13] Começa agora a se tornar claro o significado de *O nascimento da tragédia*. Poderia tranquilamente levar como título ou subtítulo: *A crise da cultura de Sócrates*

---

8   *Die Geburt der Tragödie aus dem Geiste der Musik, cit.*, p. 35, tradução italiana *cit.*, p. 55.
9   IVI, p. 98, tradução italiana *cit.*, p. 99-100.
10   *Ibid.*, p. 100, tradução italiana *cit.*, p. 102.
11   *Ibid.*, p. 89, tradução italiana *cit.*, p. 90.
12   IVI, p. 117, tradução italiana *cit.*, p. 120.
13   *Ibid.*, p. 100, tradução italiana *cit.*, p. 101-102.

à *Comuna de Paris*. Trata-se, portanto, de um texto em cujo centro está a *Kulturkritik*, uma tradição de pensamento profundamente enraizada na Alemanha e que com Nietzsche alcança uma radicalização extrema. O ajuste de contas com o "irrequieto e bárbaro turbilhão que agora se chama 'o presente' "[14] deve começar com o filósofo grego que encarna o otimismo e cuja influência "até o momento presente, e inclusive por todo o porvir afora, alargou-se sobre a posteridade qual uma sombra cada vez maior no sol do poente".[15]

É preciso observar que a *Kulturkritik* de Nietzsche não tem nada do abandono nostálgico e inerte. Não apenas é combativa, mas também, neste momento, confia na possibilidade de uma transformação radical do presente. É um aspecto sublinhado com força e autoridade, dados os relatos de estreita amizade com o filósofo, por Erwin Rohde, que, na crítica de *O nascimento da tragédia*, declara: "O autor convida todos aqueles que vivem na diáspora, tristes e saudosos de tempos passados, a uma esperança renovada".[16] E aqui fica evidente a influência de outro grande acontecimento político do tempo sobre uma obra maturada – observa o *Prefácio* – "entre os terrores e as grandezas da guerra apenas declarada",[17] aquela

---

14 IVI, p. 102, tradução italiana *cit*., p. 104.
15 IVI, p. 97, tradução italiana *cit*., p. 98.
16 Ver a crítica publicada em "Norddeutsche Allgemeine Zeitung" de 26 de maio de 1872, tradução italiana *in*: NIETZSCHE, ROHDE, WILAMOWITZ, WAGNER, *La polemica sull'arte trágica*, por F. Serpa. Florença: Sansoni, 1972, p. 207.
17 *Die Geburt der Tragödie aus dem Geiste der Musik*, *cit.*, p. 23,

guerra de que não por acaso o filósofo acredita dever participar, como voluntário nas fileiras do exército prussiano, abandonando momentaneamente o ensino universitário ministrado na neutra cidade suíça de Basileia. Junto à derrota da França, "os cânones da batalha de Wörth", sob cujo troar começa a ser escrito *O nascimento da tragédia,*[18] assinalam a liquidação da Modernidade ao mesmo tempo utilitarista e destrutiva iniciada com Sócrates e anunciam "o iminente Renascimento da Antiguidade", "o Renascimento *alemão* do mundo helênico".[19] A grecidade trágica não morreu por completo. Ela pode conhecer uma nova juventude. Isso é demonstrado pela música de Wagner, um tipo de novo Ésquilo, que acaba com o predomínio da obra maturada entre os povos latinos e entrelaçada com os "movimentos socialistas", ela mesma repousando sobre o absurdo pressuposto do "homem bom primitivo", de seus "direitos" e de suas "perspectivas paradisíacas", realizáveis uma vez que a mudança das instituições seja levada a termo.[20] Mas também é demonstrado por Schopenhauer, "o filósofo de uma reacesa classicidade, de uma grecidade germânica [...], de uma Alemanha regenerada",[21] e por Kant, o qual, evidenciando

---

tradução italiana *cit.*, p. 19.

18   *Ecce homo, La nascita della tragedia*, af. 1.

19   *Nachgelassene Fragmente 1869-1874, in: KSA*, v. VII, p. 353, tradução italiana *cit. in: Opere di Friedrich Nietzsche, cit.*, v. III, 3, parte I, p. 363.

20   *Die Geburt der Tragödie aus dem Geiste der Musik, cit.*, p. 122-123, tradução italiana *cit.*, p. 126-127.

21   A nota está relatada em NIETZSCHE, F. *Werke und Briefe. Historisch-kritische Gesamtausgabe* por H. J. Mette e K. Schlechta.

os limites e os conflitos da razão, revela-se também ele estranho à superficialidade racionalista e otimista. Nesta mesma toada vem Lutero,[22] crítico implacável de uma razão e de uma visão de mundo harmonicista e, portanto, ressoante de motivos ou de ecos dionisíacos.

Também de fora do âmbito propriamente cultural, o vitorioso exército alemão revelou a "antiga saúde germânica":

> Sobre tal base, é possível edificar: podemos novamente esperar! A nossa missão alemã ainda não acabou! Sinto-me mais animado do que nunca, porque nem tudo foi destruído no nivelamento e na "elegância" francesa-hebraica, nem sob o ávido turbilhão da vida de "hoje em dia".

É verdade, como revelou a Comuna de Paris,

> a nossa vida moderna, ou melhor, toda a velha Europa cristã e seu Estado, mas sobretudo a "civilização" (Civilisation) latina que agora impera por todos os lugares, revela o incrível mal que aflige o nosso mundo.[23]

Mas já emergem e talvez atuem as forças capazes de contrastar tudo isso. O contraste entre o utilitarismo otimista de uma parte e de outra parte o espírito dionisíaco, entre o alexandrinismo e a visão trágica da vida, configura-se neste momento

---

Munique: Beck, 1933 ss., v. IV, p. 213.

22 *Die Geburt der Tragödie aus dem Geiste der Musik, cit.*, p. 147, tradução italiana *cit.*, p. 153.

23 Carta a C. v. Gersdorff de 21 de junho de 1871, *cit.*, p. 203-204, tradução italiana *cit.*, p. 194.

como o contraste entre a França e a Alemanha. O país do Iluminismo e da Revolução é também o local da *Civilisation*. Em contraposição a tudo isso um hino reduz *O nascimento da tragédia* à "essência alemã" (*deutsches Wesen*), ou melhor, ao "núcleo nobre do caráter do nosso povo": na Alemanha, "civilização" e Modernidade são apenas um fenômeno passageiro e superficial que mal cobre a íntima "atitude dionisíaca de um povo" e do qual é possível se livrar de uma vez por todas com a "expulsão do elemento neolatino".[24] Trata-se de um processo já iniciado com as guerras antinapoleônicas, posteriormente desenvolvido com a nova e decisiva vitória sobre a França e que agora é conclamado a afastar definitivamente "a visão do mundo liberal-otimista", a qual aprofunda suas raízes nas doutrinas do Iluminismo francês e da Revolução, e, portanto, "em uma filosofia plana e antimetafísica, totalmente antigermânica e autenticamente românica".[25] E, dessa maneira, na "luta contra a civilização" (*Civilisation*) e a Modernidade, uma missão aguarda a Alemanha "voltada à cultura" (*Kultur*) e herdeira da Grécia trágica: o "*espírito alemão*" é de certa forma o "*salvador*", a "força *redentora*".[26]

Neste momento, no panteão dos autores chamados a reviver a grecidade trágica em terras alemãs não pode estar Goethe, investido em certa medida

---

24 *Die Geburt der Tragödie aus dem Geiste der Musik, cit.*, p. 146, 149 e 154, tradução italiana *cit.*, p. 152-153, 155 e 161.

25 *Der griechische Staat, cit.*, p. 773, tradução italiana *cit.*, p. 234.

26 *Nachgelassene Fragmente 1869-1874, cit.*, p. 385, 429 e 431, tradução italiana *cit.*, parte I, p. 402 e parte II, p. 14 e 16.

da polêmica contra a imagem serena e puramente apolínea daquela esplêndida estação histórica: nem mesmo ele conseguiu "forçar a porta encantada que conduz à montanha mágica helênica", ou "entrar no núcleo da natureza helênica e estabelecer um laço duradouro e amoroso entre a cultura alemã e a grega".[27] Decididamente excluído da lista de deuses tutelares da luta contra a "frívola divinização do presente"[28] está Hegel: o confronto com sua filosofia, lida e denunciada como a legitimação da Modernidade, está no centro das *Considerações extemporâneas*, publicadas entre 1873 e 1876.

2. Crítica da "civilização" e deslegitimação do moderno

O filósofo segundo o qual cada um é "filho do próprio tempo"[29] não pode não ser o alvo principal de Nietzsche que, em sua denúncia da barbárie do presente, busca interlocutores apenas em "quem não se sente cidadão do próprio tempo".[30] Com sua "cultura conforme ao tempo", sob a insígnia da "utilidade" e do "lucro" e visando conseguir uma "extensão" sem

---

27 *Die Geburt der Tragödie aus dem Geiste der Musik, cit.*, p. 129 e 131, tradução italiana *cit.*, p. 134-135.
28 IVI, p. 149, tradução italiana *cit.*, p. 155.
29 *Grundlinien der Philosophie des Rechts, in: HEGEL, G. W. F., Werke in zwanzig Bänden*, por E. Moldenhauer e K. M. Michel, Suhrkamp, Frankfurt/M. 1969-1979, v. VIII, p. 26, tradução italiana. Bari: Laterza, 1954, p. 167.
30 *Unzeitgemäße Betrachtungen*, III, *in: KSA*, v. I, p. 339, tradução italiana *in: Opere di Friedrich Nietzsche, cit.*, v. 1, p. 361.

precedentes para ter "o maior número possível de empregados inteligentes", além de responder à crescente burocratização e massificação da sociedade, com sua celebração do Estado e das instituições políticas, que, homologando e nivelando, não deixam nenhum espaço ao "gênio", com todos esses motivos Hegel expressa a Modernidade até seu cumprimento último, e o mais repugnante. Anulando ou colocando em crise a distinção entre escravos e senhores, a difusão da "cultura geral" é o pressuposto do "comunismo"[31] e estimula, portanto, o advento de uma sociedade que é apenas, para utilizar a linguagem usada mais tarde, "movimento de formigas" e "mistura plebeia".[32] Hegel, entretanto, não se limita a expressar o presente; pretende também legitimá--lo no plano da filosofia da história, mediante a tese da racionalidade do real. Desta forma, convidando à rendição diante do fato consumado e desviando, portanto, a Alemanha da tarefa de reproposição da grecidade trágica, ele desenvolve uma influência sumamente antieducativa e corrupta entre a juventude alemã. O educador por excelência é Schopenhauer, coerentemente empenhado a denunciar sua época, "aquela falsa, vã e indigna mãe".[33]

---

31 *Nachgelassene Fragmente 1869-1874*, *cit.* p. 385, 243, tradução italiana *cit.*, p. 247-248.

32 *Also sprach Zarathustra in: KSA*, v. IV, p. 357, tradução italiana *in: Opere di Friedrich Nietzsche*, *cit.*, v. VI, 1, p. 349-350.

33 *Unzeitgemäße Betrachtungen*, III, *cit.*, p. 339, tradução italiana *cit.*, p. 387.

|26 *Nietzsche e a crítica da Modernidade*

As inquietações com a Modernidade e o espanto diante do espectro do Estado-colmeia ou formigueiro estão bem presentes, além de no filósofo particularmente caro ao autor das *Considerações extemporâneas*, com intensidades e modalidades diversas, em amplos setores da cultura europeia do tempo. Pensemos em primeiro lugar em Burckhardt, colega mais velho que Nietzsche na Universidade de Basileia e empenhado, ele também, em denunciar a crescente vulgarização do mundo. São os anos em que o "predomínio da mediocridade", o afogamento dos indivíduos "na louca" e crescente prevaricação das "tendências" e dos "instintos das massas" são objeto do acurado lamento de John Stuart Mill, o qual a tudo isso contrapõe o "homem forte e de gênio", a quem reconhece "a liberdade de indicar o caminho" à humanidade comum. São os anos em que Tocqueville expressa a angústia ao ver se delinear uma "sociedade nivelada", constituída por "abelhas e castores", em cujo âmbito apagam-se o "esplendor" e a "glória", ao mesmo tempo em que ocorre a extensão da "civilização" e a prevalência dos interesses meramente materiais anda lado a lado com a dispersão ou a exclusão dos "homens eminentes" e dos "grandes gênios".[34] Neste mesmo clima espiritual podemos colocar Nietzsche, o qual, com uma ênfase toda particular, contrapõe ao espetáculo repugnante do presente a "metafísica do gênio" e a denúncia de

---

34 *Cf.* LOSURDO, D. *Hegel e la libertà dei moderni*. Roma: Editori Riuniti, 1992, p. 331-335.

toda visão da história que "democratiza os direitos do gênio".[35]

E, portanto, o que caracteriza o jovem filósofo não é o tema, mas sim, em primeiro lugar, o radicalismo com que o tema se desenvolve. Por outro lado, a Modernidade é iniciada com Sócrates. Sobretudo, se nos autores liberais anteriormente citados está bem clara a consciência da irreversibilidade do processo histórico (que se trata de conter ou canalizar em direção a êxitos mais favoráveis ou menos catastróficos), em Nietzsche, entretanto, tal pressuposto também é colocado em discussão. Reconhecer e legitimar a suposta "potência da história" significa dobrar-se "de forma chinesa mecanicamente [...] a qualquer potência, seja essa um governo ou uma opinião pública ou uma maioria numérica".[36] É particularmente significativo o advérbio usado, *chinesenhaft*; nos anos sucessivos os chineses se tornaram o símbolo do operário humilde e servil, do novo tipo de escravo de que os senhores precisam. A tese da racionalidade do real e do processo histórico representa o mesmo culto à maioria numérica que se expressa na democracia e na crescente presença e pressão das massas e dos servos. Estes últimos, cujo peso quantitativo já se sente no plano mais

---

35 *Ueber die Zukunft unserer Bildungsanstalten, in: KSA*, v. I, p. 700 e 666, tradução italiana *in: Opere di Friedrich Nietzsche, cit.*, v. III, 2, p. 107 e 146.
36 *Unzeitgemäße Betrachtungen*, II, *in: KSA*, v. I, p. 309, tradução italiana *in: Opere di Friedrich Nietzsche, cit.*, v. III, 2, p. 328.

| **28**   *Nietzsche e a crítica da Modernidade*

propriamente político, terminam por obter um precioso e inaceitável reconhecimento também no plano da filosofia da história, graças a uma visão que exclui antecipadamente qualquer pretensão de retroceder aquém dos resultados do mundo moderno.

Para conferir credibilidade a um projeto tão ambicioso como o de Nietzsche, não basta a denúncia da natureza intrínseca "servil" dos "apologéticos da história",[37] e do caráter irremediavelmente "filisteu", ou seja, utilitarista e plebeu, da razão que estes reclamam. É necessário colocar as categorias de história e de razão de certa forma em crise, e desconstruí-las. *O nascimento da tragédia* já contrapõe à "chamada história universal"[38] e à "enorme necessidade histórica da cultura moderna" o mito sem o qual "toda a civilização perde a sua força de natureza sã e criativa".[39] A obra *Considerações* questiona "sobre a utilidade e o dano da história"; tal obra, depois de ter denunciado com palavras de fogo o "excesso de história"[40] e "a religião da potência historiográfica",[41] propõe "o anti-histórico e o supra-histórico" como "remédios naturais ao sufocamento da vida por parte da história".[42] Contra a *"doença histórica"*,[43] assim

---

37 *Unzeitgemäße Betrachtungen*, II, *cit.*, p. 310, tradução italiana *cit.*, p. 329.
38 *Die Geburt der Tragödie aus dem Geiste der Musik, cit.*, p. 56, tradução italiana *cit.*, p. 54-55.
39 IVI, p. 145-146, tradução italiana *cit.*, p. 151-152.
40 *Unzeitgemäße Betrachtungen*, II, *cit.*, p. 305, tradução italiana *cit.*, p. 324.
41 IVI, p. 309, tradução italiana *cit.*, p. 328.
42 IVI, p. 331, tradução italiana *cit.*, p. 352.
43 *Ibid.*, p. 329, tradução italiana *cit.*, p. 350.

como a "cultura histórica" como tal, esta "espécie de caníce inata"[44], culpada por destruir o mito e por paralisar qualquer energia criativa, Nietzsche novamente fomenta o modelo incomparável da Grécia trágica:

> *Lá, encontramos também a realidade de uma cultura essencialmente anti-histórica e de uma cultura apesar dela, ou melhor, por causa dela, indizivelmente plena e rica de vida.*[45]

Junto à contraposição do mito à razão e à história, agora emergem novos e mais interessantes motivos. A tese da racionalidade do real e do processo histórico é contestada também em nome da "moral", a qual exige que se nade "contra as ondas da história" e da Modernidade:

> *Que aqueles muitos vivam, e que aqueles poucos [gênios] não vivam mais não é nada além de uma verdade brutal, ou seja, uma estupidez irremediável, uma tolice do tipo "é assim mesmo", ao contrário do imperativo moral "não deveria ser assim". Sim, contra a moral!*[46]

Mas a novidade mais importante é outra. A obra *Considerações* faz com que notemos que há modos entre si muito diversos de reconstruir o desenvolvimento da história, mas sobretudo observa que "a origem da cultura histórica [...] *deve* ser, ela mesma,

---

44 *Ibid.*, p. 303, tradução italiana *cit.*, p. 321.
45 *Ibid.*, p. 307, tradução italiana *cit.*, p. 325.
46 IVI, p. 310-311, tradução italiana *cit.*, p. 329-330.

|30   *Nietzsche e a crítica da Modernidade*

reconhecida historicamente".[47] Em termos lógicos, Nietzsche lança mão do argumento autorreflexivo para refutar ou colocar em crise a consciência histórica da qual a Modernidade se alimenta e que acalenta.

3. Da negação da consciência histórica à sua radicalização

Não podemos nos limitar a contrapor o mito à mediocridade massificada do presente também pelo fato de que a plataforma político-ideológica de *O nascimento da tragédia* já caiu em crise. O quadro histórico se alterou sensivelmente. Não existe, no momento, o perigo de uma propagação para fora da França da Comuna de Paris e da "classe barbárica de escravos": a Terceira República está consolidada. Porém, uma nova preocupação se avista no horizonte: "Como os gregos se enfureciam no sangue grego, assim hoje os europeus se enfurecem no sangue europeu".[48] Neste fragmento de *Humano, demasiado humano* (1878-1879) fica claro que a Europa agora é comparada à Grécia, e que à Europa convém preservar a unidade. Não podemos deixar de notar o fato de que, mesmo voluntariando-se no conflito com a França, Nietzsche expressa seu desapontamento pela "atual guerra alemã de conquista", assim que

---

47   *Ibid.*, p. 306, tradução italiana *cit.*, p. 324.
48   *Umano, tropo umano*, I, af. 442.

os planos de anexação da Alsácia-Lorena[49] começam a se delinear. A adesão inicial do filósofo à política de Bismarck nem por um momento é motivada por paixão chovinista. Logo após o trauma da Comuna de Paris, uma carta a um amigo observa que,

> *para além da luta entre as nações, aquela cabeça da hidra internacional que inesperadamente se alçou com tanta monstruosidade a anunciar muitas outras lutas futuras nos aterrorizou.*[50]

Nesta perspectiva, não era possível não resultar a galofobia dos alemães nacional-liberais que, ameaçando fazer reexplodir o conflito com os vizinhos de Além Reno e de pilhar em lutas fratricidas a Europa e aquilo que resta de aristocracia e classes dirigentes, arrisca agravar novamente o perigo revolucionário.

Por outro lado, amarga é a desilusão do filósofo com o fato de não ter sido realizada nenhuma das esperanças de regeneração suscitadas pelo advento do Segundo Reich. A Alemanha, centrada como está (ou como parece estar) sobre um Reichstag eleito por sufrágio universal (masculino), não constitui uma alternativa à Modernidade nem no plano político nem no plano econômico. Exatamente aqui o desenvolvimento capitalista se apresenta com uma carga particular de vulgaridade e de angústia. Além do mais, ela estava na vanguarda do tema de obrigação

---

49 Carta a Franziska e Elisabeth Nietzsche de 12 de dezembro de 1870, *in: Netzsche Briefwechsel, cit.*, v. II, 1, p. 164, tradução italiana *in: Epistolario di Friedrich Nietzsche, cit.*, v. II, p. 148.
50 Carta a C. v. Gersdorff de 21 de junho de 1871, *cit.*, p. 203, tradução italiana *cit.*, p. 195.

| **32**   *Nietzsche e a crítica da Modernidade*

escolástica e de difusão da instrução; aos olhos do filósofo, sinônimos, como sabemos, de "comunismo". O suposto país-baluarte da luta contra a revolução na realidade é aquele em que mais fortemente se apresentam as organizações sindicais e o movimento feminista, e onde mais enraizada e capilar está a presença do partido operário. São os anos em que Engels formula a tese segundo a qual a função da vanguarda revolucionária desenvolvida pela França até a Comuna de Paris agora é responsabilidade da Alemanha.[51] Nietzsche começa a olhar com desprezo e ódio profundos para esta cova de ideias modernas e subversivas, profundidade equiparada ao tamanho das esperanças que havia colocado anteriormente na missão da nova Grécia.

Não é mais possível continuar a ler o conflito entre França e Alemanha como antítese entre civilização e cultura autêntica, ou melhor, entre Modernidade e regeneração "trágica" pretendida. Contra qualquer galofobia e contra a pretensão de se contraporem tradições nacionais reduzidas a estereótipos sem relações recíprocas, *Humano, demasiado humano* sublinha a profunda influência de Rousseau sobre Kant, Schiller e Beethoven. A tentativa dos nacional-liberais de considerar a doença revolucionária estranha à história da Alemanha não faz sentido. À medida que se enraíza a crítica do cristianismo

---

51 *Cf.* ENGELS, F. Prefácio (1875) a *Der deutsche Bauernkrieg, in: MARK, K.; ENGELS, F., Werke*. Berlim: Dietz-Verlag, 1955 ss., p. 515-517.

como movimento plebeu e subversivo, ela não pode não golpear em particular o país de Lutero, da Reforma e da guerra dos camponeses. Agora fica mais evidente que nunca a incompatibilidade do clamor de *O Nascimento da tragédia* ao mesmo tempo a Dionísio e ao teórico da negação da vontade de viver (Schopenhauer), à antiguidade clássica e a Lutero, a intrínseca contradição da imagem de uma Alemanha herdeira ao mesmo tempo da grecidade trágica e da Reforma. À parábola desastrosa da Modernidade deve ser contraposta uma tradição cultural bem diversa que, sempre partindo da grande estação helênica, inclui agora o Renascimento (no âmbito do qual a antiguidade clássica parece reviver) e não exclui nem mesmo o Iluminismo.

É necessário, porém, dizer que esta última corrente de pensamento, longe de ser lida como a preparação ideológica da Revolução Francesa, é fortemente contraposta a esta: trata-se de liberar e "purificar" o Iluminismo de sua inatural "mistura" com o "grande movimento revolucionário".[52] Com sua "natureza moderada", Voltaire é o grande antagonista de Rousseau e do "espírito otimista da Revolução", contra o qual é necessário continuar a bradar: "Ecrasez l'infâme!".[53] Tal palavra de ordem pode bem ser utilizada seja na luta contra o cristianismo, seja na luta contra o socialismo, ambos caracterizados por uma fé superposticiosa, por um fanatismo moral e missionário, contra o qual o Iluminismo

---

52   *Il viandante e la sua ombra*, af. 221.
53   *Umano, troppo umano*, I, af. 463.

| **34**   *Nietzsche e a crítica da Modernidade*

pode funcionar como antídoto, já que despreza inclusive o fanatismo teutômano e luterano dos nacionais-liberais alemães. Este é o fio condutor de *Humano, demasiado humano, Aurora* (1881) e *A gaia ciência* (1882), obras do período impropriamente chamado iluminista. Imensa é a distância em relação a Wagner; bem longe está também Schopenhauer, em cuja negação da vontade de viver continuam a ecoar "a inteira concepção do mundo e o sentimento do homem medievais e cristãos".[54]

Tudo isso comporta uma nova atitude no relacionamento com a história e a investigação histórica. Vimos *O nascimento da tragédia* evocar o terrível perigo representado pela cultura de uma "classe barbárica de escravos", que percebem sua condição como uma "injustiça". As obras do período "iluminista" se propõem a relativizar e tornar "objeto de suspeita" precisamente os "sentimentos superiores" aos quais apela a subversão plebeia.[55] Para tal fim, pode ser necessária a contribuição de Montaigne e de grandes moralistas franceses, os quais têm o mérito de desnudar o lado obscuro da natureza humana e de refutar a tese cara a Rousseau e aos revolucionários da bondade original do homem. Mas a investigação histórica é decisiva. Agora, a Modernidade não é mais condenada por Nietzsche como sinônimo de superfetação histórica; as partes parecem até trocar de lugar. Abandonados os antigos discursos

---

54   IVI, af. 26.
55   *Aurora*, af. 33.

relativos ao "dano da história", *Humano, demasiado humano* identifica a "falta de sentido histórico" como "o defeito hereditário" dos filósofos e intelectuais do tempo: "Não querem entender que o homem se tornou e que também a faculdade de conhecer se tornou [...] tudo se tornou; não existem fatos eternos".[56] A consciência histórica, enredando-se com a investigação psicológica, é chamada a golpear o lado mais íntimo da natureza humana, aquele em que se aninham os "sentimentos nobres" a que apelam os escravos na revolta e os sentimentos ignóbeis que eles rechaçam em seus inimigos. Trata-se, portanto, de reconstruir a gênese e o desenvolvimento "do amor, da cobiça, da inveja, da consciência, da piedade e da crueldade".[57] Daí resultam não apenas uma recuperação, mas também uma posterior enraização da consciência histórica que agora golpeia temas e emoções até aquele momento imersos em uma aura de eternidade imutável. Todavia, não se pode perder de vista o cerne de tal investigação: esta objetiva

> a sondar e a expor uma antiga confiança sobre a qual nós, filósofos, há alguns milênios, habitualmente considerávamos o fundamento mais seguro [...], a nossa confiança na moral.[58]

Aquela moral sempre claramente identificada como a plataforma ideológica da subversão moderna. Neste ponto, não pode não haver uma profunda

---

56 *Umano, troppo umano*, I, af. 2.
57 *La gaia scienza*, af. 7.
58 *Aurora*, af. 2.

mudança no juízo anteriormente expresso sobre Kant: o autor da *Crítica da razão prática* refere-se agora, ele também, a uma Idade Média que se quer liquidar.

Bem longe de comportar uma conciliação com a Modernidade, a mudança "iluminista" e "historicista" se propõe a conferir uma base mais rigorosa à sua deslegitimação. Já vimos que se trata de recolocar em discussão "alguns milênios de história". A obra *Considerações* já pergunta:

> *O que podem significar alguns milênios (ou, em outros termos, o período de tempo de 34 vidas humanas sucessivas, calculadas em 60 anos cada uma), para que seja possível falar no começo de tal tempo ainda sobre "juventude" e ao seu fim, sobre "velhice da humanidade"?*[59]

Na tentativa de estraçalhar da parábola desastrosa iniciada com Sócrates qualquer legitimidade moral e filósofa da história, a investigação histórica de Nietzsche começa a assumir a característica da "longa duração" que manterá até o fim. A radicalidade do projeto contrarrevolucionário comporta um radical encolhimento do tempo histórico passado, breve instante de uma jornada que, em seus tempos longuíssimos ou desmesurados, parece ainda estar por escrever.

---

59 *Unzeitgemäße Betrachtungen*, II, *cit.*, p. 303-304, tradução italiana *cit.*, p. 322.

4. *Otium*, trabalho e escravidão

Então, não é uma fatalidade diante da qual o mundo moderno deve se inclinar, marcado pela falta de *otium* e, portanto, de cultura autêntica. Quando, ironizando a nova "dignidade" atribuída ao trabalho, insiste no fato de que em cada cultura sã este é sinônimo de vulgaridade e de infâmia, Nietzsche pode se referir a uma tradição que continua de alguma forma a ser vital bem além da antiguidade clássica. Basta pensar em Grócio, o qual subsume o trabalho como tal sob a categoria de *servitus*, limitando-se então a distinguir entre *servitus perfecta* (a escravidão propriamente dita) e *servitus imperfecta* (própria dos servos da gleba ou dos *mercenarii* ou assalariados).[60] Ainda no âmbito do primeiro liberalismo, a separação do trabalho continua por muito tempo a definir a liberdade e a existência humana em sua plenitude: por isso apenas os beneficiários do *otium* são chamados a gozar dos direitos políticos. Mesmo a polêmica de Nietzsche contra a difusão da instrução ("Se querem escravos – e se deles precisam – não se deve educá-los como patrões")[61] tem precedentes não remotos: é em termos análogos que Mandeville condena os projetos de dar a instrução à "parte mais mesquinha e pobre da nação", destinada

---

60 GROZIO, U. *De jure belli ac pacis* (1625), lib. II, cap. V, §§ 27 e 30.

61 *Nachgelassene Fragmente 1887-1889*, in: *KSA*, v. XIII, p. 30, tradução italiana *in: Opere di Friedrich Nietzsche*, *cit.*, v. VIII, II, p. 241; *cf.* também *Crepuscolo degli idoli, Scorribande di un inattuale*, af. 40.

38 *Nietzsche e a crítica da Modernidade*

para sempre a desenvolver um "trabalho sujo e similar àquele do escravo".[62] O liberalismo lida com os desenvolvimentos da sociedade industrial, com a irrequietude e o crescente peso das massas na vida política. Depois de 1848, vemos Guizot formular a tese segundo a qual "a glória da civilização moderna consiste em ter compreendido e lançado luz sobre o valor moral e a importância social do trabalho", que já "está por toda a parte neste mundo".[63] Uma visão similar àquela já vista no autor e estadista francês se difunde também na Alemanha, e, com referência à mensagem imperial endereçada em 17 de novembro de 1881 por Guilherme I ao Reichstag, *A gaia ciência* ironiza: "A cortesia real da expressão 'somos todos trabalhadores' seria um cinismo e uma indecência ainda no tempo de Luís XIV". E a mesma obra reitera a validade do modelo grego e antigo:

> *Alguém de boa família escondia seu trabalho, quando a necessidade o fazia trabalhar. O escravo trabalhava oprimido pela sensação de fazer algo desprezível. "A nobreza e a honra estão apenas no otium e no bellum", assim falava a voz do preconceito antigo.*[64]

---

62 MANDEVILLE, B. de. *The fable of the Bees* (1705 e 1714), por F. B. Kaye, Indianápolis: Liberty Classics, 1988, v. I, p. 119, tradução italiana *La favola dele api*. Roma-Bari: Laterza, 1974, p. 76 e *Id.*, An essay on charity and charity schools (1723), *in: The fable of the bees, cit.*, v. I, p. 302, tradução italiana *Saggio sulla carità e sulle Scuole di Carità*. Roma-Bari: Laterza, 1974, p. 106.
63 GUIZOT, F. *De la démocratie en France (janvier 2849)*. Nápoles: Gaetano Nobile, 1849, p. 38-40.
64 *La gaia scienza*, af. 188 e af. 329.

Nietzsche desdenha os desenvolvimentos da sociedade industrial e do liberalismo. Um tempo coetâneo a *O nascimento da tragédia* acusa os liberais de seguirem os socialistas e os comunistas no ódio à "antiguidade clássica", fundada sobre o franco reconhecimento da necessidade de confiar o trabalho a uma classe de escravos, cuja terrível condição torna "possível a um restrito número de homens olímpicos a produção do mundo da arte" e da cultura.[65] A cultura é comparada a "um vencedor manchado de sangue, que em sua marcha triunfal arrasta como escravos os vencidos, amarrados a seu carro", vencidos estes que, em condições normais, acabam cegos por uma "força benéfica" que os impede de ter consciência das correntes que os mantêm cativos.[66] Compreende-se que, para um autor tão fascinante, os intérpretes tendam a considerar tal tema uma simples metáfora. É necessário então precisar o quadro histórico em que se colocam a vida e a reflexão de Nietzsche. Sua juventude está situada no meio da Guerra da Secessão: somos levados a pensar naquilo que Tocqueville se refere sobre a situação do Sul dos Estados Unidos, onde penas severas proíbem que se ensine os escravos a ler e a escrever e onde o valor levado em maior consideração pelos patrões brancos é o *otium*, enquanto "o trabalho se confunde com a ideia de escravidão".[67] Nos anos sucessivos, a abolição

---

65 *Der griechische Staat, cit.*, p. 767, tradução italiana *cit.*, p. 227.
66 IVI, p. 768-769, tradução italiana *cit.*, p. 228.
67 TOCQUEVILLE, A. de. De la démocratie en Amerique, *in: Ouvres completes*, por J. P. Mayer. Paris: Gallimard, 1951 ss., v. I, 1, p. 377, 392

da escravidão na república norte-americana corresponde à abolição da servidão da gleba na Rússia, mas formas de servidão ou semisservidão persistem nos dois países. A Inglaterra, que em 1833 abolira a escravidão em suas colônias, faz, nos anos 1870 e 1880, o bloqueio naval das costas da África oriental para impedir o persistente tráfico de negros em direção sobretudo ao Brasil, que abole a escravidão, e o relativo comércio de escravos, apenas em 1988, ano em que se aproxima de seu termo a vida consciente do filósofo. Enfim, é preciso ter presente que, enquanto justificam sua expansão em nome da abolição da escravidão nas colônias, as grandes potências submetem os "indígenas" a relações de trabalho servis.

Não faltam na obra de Nietzsche os ecos diretos de tal jornada histórica. Um fragmento acena desdenhosamente a Beecher-Stowe, autora da obra *Cabana do pai Tomás*, o célebre romance abolicionista que tanto eco tem na Europa e na própria Alemanha.[68] *Humano, demasiado humano* observa que todos desejam a "abolição da escravatura"; porém é preciso admitir que "os escravos, sob qualquer aspecto, vivem com mais segurança e mais felizes do que o operário moderno e o trabalho dos escravos é bem pouco em relação àquele do operário".[69] De novo, somos reenviados à Guerra da Secessão

---

e 362, tradução italiana *in: Scritti politici*, por N. Matteucci. Turim: Utet, 1968, v. II, p. 425, 441 e 407.
68 *Nachgelassene Fragmente 1884-1885, in: KSA*, v. XI, p. 61, tradução italiana *cit., in: Opere di Friedrich Nietzsche, cit.*, v. VII, 2, p. 52.
69 *Umano, tropo umano*, I, af. 457.

e ao áspero debate que a precede e a acompanha: ao insistir no fato de que a condição dos operários livres não é melhor do que aquela dos escravos, e a contrapor a escravidão assalariada, descrita com implacável dureza de tom, à verdadeira e própria escravidão, na maior parte mistificatoriamente imersa em uma protegida atmosfera patriarcal, ao agitar tal argumento estão os defensores da escravidão negra, os quais frequentemente amam invocar o esplêndido florescimento da Grécia antiga, impensável sem a presença daquela benéfica instituição, tão odiosa aos olhos dos abolicionistas.

A justificação da escravidão continua a ser um ponto fundamental mesmo no período "iluminista". *A gaia ciência* não deixa dúvidas: "Lá onde se exerce um domínio, existem massas: lá onde existem massas, há necessidade de escravidão". Certo, a Guerra da Secessão já passou e Nietzsche bem percebe a dificuldade ou a impossibilidade de reintroduzir no Ocidente a escravidão propriamente dita. Esta pressupõe uma distância radical entre senhores e servos, estes devendo sentir os primeiros como uma "raça superior"; desgraçadamente, o mundo moderno e "a famigerada vulgaridade dos industriais de mãos gordas" operam uma homologação destrutiva. Não resta nada, então, além de recorrer à introdução de uma "nova escravidão", de um "novo tipo de relacionamento escravista".[70] Dois são os caminhos possíveis: ou são chineses (este povo caracterizado

---

70 *La gaia scienza*, af. 149, 40 e 377.

|42   *Nietzsche e a crítica da Modernidade*

pela "maneira de viver e pensar que convém a formigas trabalhadoras"[71]) e outras "populações bárbaras asiáticas e africanas" que deverão constituir, em seguida à colonização ou à imigração, a força-trabalho servil da Europa e do mundo civil, ou então deverá ser proposto que se faça da classe operária europeia algo do "tipo chinês".[72]

Estamos tão pouco na presença de uma simples metáfora que encontramos em Renan sugestões análogas àquelas já vistas. Segundo Renan, a "raça conquistadora", a "nobre" europeia, "raça de patrões e soldados", é chamada a empregar nos trabalhos mais duros e nas "prisões" ou a "raça de operários (a raça chinesa) ", por "natureza" dotada "de uma maravilhosa destreza de mãos e quase totalmente sem sentimento de honra".[73] São os anos em que, por exemplo, as empresas americanas começam a construir a longa linha ferroviária destinada a consolidar a conquista do Far West mediante a importação da China de 10 mil *coolies*. A Guerra da Secessão terminou: para usar as palavras de Engels, busca-se substituir a escravidão negra formalmente abolida com a "escravidão camuflada dos *coolies* indianos e chineses".[74]

---

71   *Aurora*, af. 206 e *Nachgelassene Fragmente 1875-1879*, in: *KSA*, v. VIII, p. 481-482, tradução italiana in: *Opere di Friedrich Nietzsche, cit.*, v. IV, 2, p. 466-467.

72   *Crepuscolo degli idoli. Scorribande di un inattuale*, af. 40.

73   RENAN, E. La reforme intellectuelle et morale de la France, in: *Ouvres completes*, por J. Psichari. Paris: Calmann-Levy, 1947, v. I, p. 390-391.

74   Assim em uma nota a K. MARX, Misère de la philosophie, *in: MARK, K.; ENGELS, F. Werke, cit.*, v. IV, p. 132, tradução italiana

Até o fim Nietzsche insiste no fato de que a cultura pressupõe o *otium* de um lado e a escravidão de alguma forma de outro. Com referência ao papel da Grã-Bretanha na campanha abolicionista, declara que do lado oposto ao "fato" indiscutível da "escravidão" e da sua necessidade está a maldita hipocrisia, o "maldito *cant* inglês-europeu".[75]

5. Moral dos rebanhos, moral dos senhores e "duplicidade"

Esboçada no período "iluminista", a investigação histórica sobre a origem dos "sentimentos nobres" que abrangem as revoltas servis encontra sua formulação mais completa em *Além do bem e do mal* (1886) e em *Genealogia da moral* (1887). Longe de serem animados pelos sentimentos de justiça que exibem, os escravos na realidade são movidos por inveja, *ressentiment,* rancor, espírito de vingança. Uma terrível carga de violência já está presente na revolução cristã que, a despeito das aparências suaves das pregações evangélicas, ameaça com terríveis penas eternas todos os seus adversários. Tal carga de violência se torna mundanamente explícita nas sucessivas ondas de revolta servil. Claro, a violência é exercida ou ameaçada por ambas as partes na luta,

---

in: Opere complete. Roma: Editori Riuniti, 1972-1990 (a edição parece destinada a ficar incompleta), v. VI, p. 175.
75 *Nachgelassene Fragmente 1884-1885*, p. 72-73, tradução italiana *cit.*, p. 63.

|44 *Nietzsche e a crítica da Modernidade*

mas como nos dois casos esta se configura de forma diferente! Aquela própria dos senhores e dos bem--sucedidos é "ativa", apenas a manifestação simples e espontânea de uma força vital, que goza de si mesma e afronta e combate os obstáculos que se lhe colocam. A violência dos servos e dos malsucedidos é, ao contrário, "reativa", visa ao envenenamento da existência e da felicidade daqueles que são sujeitos de sua inveja e de seu "ódio insaciável"; enquanto se origina de fracassados ávidos apenas por generalizar seu fracasso, este segundo tipo de violência age com irregularidades e falsidades, busca atingir os bem--sucedidos intoxicando-os com o senso do pecado e arrastando-os em uma desolação que é agora a existência mundana como tal.[76]

A partir da pregação evangélica, uma terrível capa de chumbo pesa sobre o Ocidente, cuja alegria de viver agora está envenenada e turva. Na consciência moral e no próprio imperativo categórico kantiano, continua a se expressar um terrível patrimônio de furor teológico e de "crueldade" que submete a uma vivissecção impetuosa a interioridade do sujeito, atormentando-o com a condenação da carne e o sentimento angustiante do remorso. Por outro lado, o senso do pecado está junto ao instinto gregário que impede o desenvolvimento de individualidades verdadeiramente autônomas e completas. A tudo isso Nietzsche contrapõe uma nova moral, que é a retomada de uma moral esmagada pela

---

76 *Genealogia della morale*, I, af. 10.

tradição judaico-cristã. Em *Assim falou Zaratustra* (1883-1885) o protagonista, símbolo de uma cultura e de uma sabedoria de vida desgraçadamente estranhas à Europa, parece pronunciar um tipo de contradiscurso das beatitudes:

> *Exorto-vos, meus irmãos, a permanecer fiéis à terra e a não acreditar naqueles que vos falam de esperanças supraterrestres. São envenenadores, quer o saibam ou não. Menosprezadores da vida, moribundos que estão, por sua vez, envenenados, seres de quem a terra se encontra fatigada; vão-se por uma vez!*

Emerge aqui uma crítica do tema dos vales de lágrimas ainda mais radical do que aquela que pode ser lida na tradição de pensamento que da esquerda hegeliana conduz a Marx; e é uma crítica que em Nietzsche encontra tons de grande intensidade filosófica e lírica: "Desde que há homens, tem-se divertido muito pouco: é este, meus irmãos, o único pecado original!". Envenenador da vida, o sentido atormentador do pecado expressa ao mesmo tempo uma imensa carga de violência e de ódio: "A crueldade era o deleite desta alma" que desprezava o corpo. A liquidação de tal herança comporta uma emancipação alegre e felizmente irrestrita: "E quando aprendemos melhor a nos divertir, esquecemo-nos melhor de fazer mal aos outros e de inventar dores".[77] Deixando para trás Schopenhauer e

---

77 *Also sprach Zarathustra, cit.* p. 15 e 114, tradução italiana *cit.*, p. 7 e p. 104-105.

Wagner, Nietzsche celebra "o paganismo goethiano vivido com tranquila consciência"[78] e o celebra abordando as defesas do grande poeta aos ataques venenosos da "Alemanha das tias velhas, ácida de hipocrisia moral".[79]

A carga explosiva destes temas em relação à ideologia dominante é enorme. Mas seria precipitado ler aqui uma teoria de emancipação. A evidenciação do caráter intrinsicamente cruel e violento do imperativo moral e categórico visa demonstrar, como mais tarde esclarece o mesmo filósofo, que isso, longe de ser "'a voz de deus no homem' ", é "o instinto da crueldade que se volta ao interior assim que não consegue mais se descarregar ao exterior". No pressuposto de que a crueldade é "um dos fundamentos mais antigos e inescapáveis da cultura"[80] e, portanto, se é compreensível "que os cordeiros nutram aversão pelas aves de rapina", então grotesca e movida por um cálculo astuto e vingador é a pretensão dos primeiros, ou seja, dos fracassados da vida, em "imputar à ave de rapina o fato de ser uma ave de rapina".[81]

Por outro lado, o fascinante "paganismo" que já conhecemos não é universalizável. A moral pode ser declinada apenas no plural: há aquela dos senhores, ou melhor, dos "conquistadores", e aquela dos servos, e esta última é bom que continue a estimular

---

78   *La gaia scienza*, af. 357.
79   *Il caso Wagner*, af. 3.
80   *Ecce homo. Genealogia della morale*, af. 1.
81   *Genealogia della morale*, I, af. 13.

sacrifício, resignação e sentimentos gregários. Apenas de tal forma a cultura, um carro que exige a ligação entre os escravos, pode continuar a se desenvolver. O sentimento de desconforto por esta lei inexorável, se nas classes inferiores é o *ressentimento*, nas classes superiores é a compaixão, a qual frequentemente se mescla com o sentimento de culpa instilado nos bem-sucedidos pela vingança dos fracassados. E como o *ressentimento* é o início da revolta dos escravos, assim a compaixão é o início da abdicação das classes superiores ao papel de comando que naturalmente lhes compete. *Ressentiment* e compaixão não apenas não têm nada de nobre, mas são decididamente maléficos: constituem dois momentos, no baixo e no alto, da crise da cultura. O resultado a que a investigação histórica e psicológica sobre a origem dos sentimentos morais conduz é a decapitação moral das revoltas servis: a questão social da qual tanto se fala é apenas a culpabilização indevida dos bem-sucedidos por parte dos fracassados da vida, os quais, ao se inflarem com ideais e palavras grandiosos, não fazem nada além de dar vazão a seu instinto de vingança.

É o próprio Nietzsche que rejeita, com força e de forma inequívoca, a leitura no sentido individualista de sua "genealogia da moral":

> *A minha filosofia visa à hierarquia, não a uma moral individualista. O senso do rebanho deve valer no âmbito do rebanho, não além dele. Os condutores do rebanho têm necessidade de uma avaliação profundamente diversa das próprias ações.*

|48 *Nietzsche e a crítica da Modernidade*

Assim como a "moral coletivista", também a "individualista" erra quando faz valerem parâmetros igualitários, reivindicando a "mesma liberdade" e a mesma inescrupulosidade para todos.[82] A forte carga desmistificatória sem dúvidas emanada de tal filosofia, portanto, não está em contradição com a celebração, já presente nos escritos juvenis, da "salutar inconsciência", da "saudável sonolência", do "sono são e restaurador" em que está imerso – e é bom que assim continue – o povo,[83] instrumentos de trabalho que, com sua dócil obediência e seu funcionamento ordenado, devem tornar possível o desenvolvimento da cultura.

No curso dos anos, a crítica ao cristianismo se torna cada vez mais penetrante e áspera, mas sem jamais perder sua intrínseca duplicidade. Imediatamente antes da Noite da Loucura, Nietzsche reitera: "Nós, imoralistas e anticristãos, vemos nossa vantagem no fato de que a Igreja subsiste";[84] está

> no instinto daqueles que dominam (trate-se de indivíduos ou de classes) patrocinar e exaltar as virtudes graças às quais os submetidos se tornam manejáveis e devotos.

Neste sentido, "mesmo os 'senhores' podem se tornar cristãos".[85] Se o cristianismo também é sinônimo de

---

82   *Nachgelassene Fragmente 1885-1887, in KSA*, v. XII, p. 280, tradução italiana *in: Opere di Friedrich Nietzsche, cit.*, v. VIII, 1, p. 267.
83   Über die Zukunft unserer Bildungsanstalten, cit., p. 699, tradução italiana *cit.*, p. 145.
84   *Crepuscolo degli idoli. Morale come contronatura*, af. 3.
85   *Nachgelassene Fragmente 1885-1887, cit.*, p. 568, tradução italiana *cit.*, v. VIII, 2, p. 208-209.

ressentimento, sobra o fato de que as igrejas possam ao menos canalizar tal sentimento de forma a torná-lo política e socialmente inofensivo:

> *"Eu sofro: alguém deve ter culpa disso" – assim pensa toda ovelha doente. Mas seu pastor, o sacerdote ascético, lhe diz: "Isso mesmo, minha ovelha! Alguém deve ter culpa: mas você mesma é este alguém; só você é que tem culpa, somente você é culpada de si!" "[...] Isso é bastante ousado, bastante falso: mas com isso se alcança uma coisa ao menos, como disse, a direção do ressentiment... é mudada".* [86]

6. Política e epistemologia

Vimos Nietzsche afirmar a impossibilidade de declinar a moral no singular. Isso vale em certo sentido também para a história. É apenas uma ficção o sujeito unitário que frequentemente lhe é atribuído: a Humanidade não tem fins comuns, "não progride, nem existe".[87] Partindo, como muitos de seus contemporâneos, da denúncia do ciclo revolucionário que vai de 1789 a 1848 e dos movimentos protossocialistas até a Comuna de Paris, o filósofo critica fortemente as principais categorias teóricas de tal tradição: homem como tal, progresso histórico, *égalité*. Por isso, certamente não pode se sentir confortável na mediocridade e na covardia da plataforma nacional-liberal. Strauss não consegue se livrar nem

---

86   *Genealogia della morale*, III, af. 15.
87   *Nachgelassene Fragmente 1887-1889, cit.*, p. 8 e 408, tradução italiana *cit.*, v. VIII, 2, p. 293 e v. VIII, 3, p. 198.

|50 *Nietzsche e a crítica da Modernidade*

mesmo das ideias que mais imediatamente se referem à Revolução Francesa, como demonstra o fato de que, em sua determinação da moral, continua a recorrer à ideia da "espécie", e, portanto, a um "conceito de homem [sob o qual] estão relacionadas as coisas mais díspares, por exemplo o Patagão e o professor Strauss".[88]

A categoria de homem como tal está extremamente conectada àquela de *égalité*, que continua a estimular violentas revoltas: "A igualdade da pessoa" é o pressuposto do "socialismo",[89] que incorre em um erro colossal pressupondo "que muitos homens sejam 'pessoas' ". Na realidade, "a maioria não é *nenhuma* pessoa", mas simples "portadores, instrumentos de transmissão".[90] Com sua "agitação individualista", o socialismo visa "*tornar possíveis muitos indivíduos*",[91] mas a característica de "indivíduo" não compete a todos os seres humanos como tais: a cultura e o domínio pressupõem "uma necessidade de escravidão", e "onde há escravidão, os indivíduos são poucos".[92] Não tem sentido querer nivelar em uma única categoria indivíduos no sentido próprio e instrumentos de transmissão (os escravos).

---

88 *Unzeitgemäße Betrachtungen, I, in: KSA*, v. I, p. 195, tradução italiana *in: Opere di Friedrich Nietzsche, cit.*, v. III, 1, p. 206.
89 *Nachgelassene Fragmente 1887-1889, cit.*, p. 70, tradução italiana *cit.*, v. VIII, 2, p. 278.
90 *Nachgelassene Fragmente 1857-1887, cit.*, p. 70, tradução italiana *cit.*, p. 491-492, tradução italiana *cit.*, v. VIII, 2, p. 139.
91 *Nachgelassene Fragmente 1857-1887, cit.*, p. 503, tradução italiana *cit.*, p. 491-492, tradução italiana *cit.*, v. VIII, 2, p. 149.
92 *La gaia scienza*, af. 149.

Não é apenas o conceito do homem universal que tem o efeito de simplificação e homologação arbitrária da riqueza do real, mas o conceito como tal. *O nascimento da tragédia*, referindo-se à disputa escolástica sobre os universais e citando e subscrevendo a opinião de Schopenhauer, já declara que "os conceitos são os *universalia post rem*", "os conceitos gerais [são] uma abstração da realidade"; enquanto o concreto é dado pelo "particular e individual".[93] Desde os escritos juvenis, o ajuste de contas com o movimento revolucionário acontece também no plano epistemológico. A liquidação do igualitarismo pressupõe a do "realismo": cada conceito tem o equívoco de "menosprezar o que existe de individual e de real", de "colocar um selo de igualdade entre o que é desigual".[94] Totalmente sem fundamentos então são os direitos do homem proclamados pela Revolução Francesa em nome da "exangue entidade abstrata 'homem'", esta "pálida ficção universal".[95] Assim como o conceito, também a *égalité* reivindicada pelos revolucionários se esquece da máxima nominalista que impõe: "Jamais tornar igual o desigual".[96]

A luta contra a Revolução é também a luta contra uma visão "realista" da razão: "Nós nos rebelamos

---

93 *Die Geburt der Tragödie aus dem Geiste der Musik, cit.*, p. 106-7, tradução italiana *cit.*, p. 108-109.

94 *Ueber Wahrheit und Lüge im außermoralischen Sinne,* in: *KSA*, v. I, p. 879-880, tradução italiana *in: Opere di Friedrich Nietzsche, cit.*, v. III, 2, p. 359-360.

95 *Aurora*, af. 105.

96 *Crepuscolo degli idoli, Scorribande di un inattuale*, af. 48.

| **52**   *Nietzsche e a crítica da Modernidade*

contra a *revolução*... Nós nos emancipamos da atitude reverencial em relação à *raison*, ao espectro do século XVIII".[97] Não por acaso, Descartes, "o pai do racionalismo", é também o "avô da Revolução".[98] Por um lado, Nietzsche se vale da ciência para liquidar, em nome da causalidade da natureza e da inocência do tornar-se, toda visão moral do mundo. Por outro lado, a ciência se funda em conceitos culpados, eles mesmos, por tornar igual o desigual e que, portanto, expressam, no plano epistemológico, a mesma tendência ao nivelamento expressa pela norma moral no plano ético e pela ideia de igualdade no plano político. Antes ainda da pregação evangélica, a revolta servil já se manifesta nas "facadas" plebeias inerentes ao "silogismo" socrático,[99] ou na verdade em uma dialética que derrota as boas maneiras e o discurso da distância da aristocracia e une tudo, homologando no terreno de uma suposta comunidade de razão. A "magia do conceito" torna-se irresistível em Platão que, sobre isso, dá provas de fanatismo: o que é o mundo das ideias se não uma forma de veneração e divinização do conceito?[100] Com seu racionalismo, e, portanto, com seu culto da universalidade, Sócrates (mestre de Platão) é o primeiro dos "quatro grandes democratas", junto a Jesus, Lutero e Rousseau.[101]

---

97 *Nachgelassene Fragmente 1857-1887*, *cit.*, p. 514, tradução italiana *cit.*, p. 491-492, tradução italiana *cit.*, v. VIII, 2, p. 159.
98 *Al di là di bene e di male*, af. 191.
99 *Crepusculo degli idoli. Il problema Socrate*, af. 7.
100 *Nachgelassene Fragmente 1857-1887*, *cit.*, p. 112, tradução italiana *cit.*, p. 491-492, tradução italiana *cit.*, v. VIII, 1, p. 100.
101 *Nachgelassene Fragmente 1857-1887*, *cit.*, p. 348, tradução

Um antídoto benéfico ao universalismo da moral e da razão pode ser a arte: "A ciência e a democracia unem tudo (que o diga o senhor Renan), certamente como o fazem a arte e a 'boa sociedade'".[102]

A liquidação do conceito de homem como tal desencadeia a mesma dissolução do sujeito feita por Nietzsche. Os poucos a quem compete a qualidade de indivíduo são na realidade uma pluralidade de indivíduos; não tem sentido querer atribuir a um substrato único e imutável no tempo a grande multiplicidade de ações e comportamentos em que se exprime uma vida. A insistência sobre o caráter inevitavelmente prospectivo do conhecimento visa também à desconstrução da categoria de universalidade. Não existe um sujeito teórico que possa ser abstraído de suas pulsões vitais, de sua vontade de potência e dos juízos de valor que exprime. Neste sentido, assim como a moral o conhecimento não pode ser declinado ao singular. Sem a ilusão ou o engano de normas e conceitos comuns, a realidade irredutível da vontade de potência então emerge. É a vida como tal, a ser ao mesmo tempo sinônimo de ótica prospectiva e de vontade de potência, sempre peculiar e não suscetível à avaliação moral, e que pode ser negada ou colocada em discussão apenas por aqueles que nutrem "um princípio hostil à vida". Junto à "coisa em si" e ao "conhecimento em si", o perspectivismo liquida qualquer suposta

---

italiana *cit.*, p. 491-492, tradução italiana *cit.*, v. VIII, 2, p. 10.

102   IVI, p. 347, tradução italiana *cit.*, p. 10.

|54   *Nietzsche e a crítica da Modernidade*

ordenação ética do mundo e estabelece a inocência do tornar-se.[103]

7. A Revolução Francesa, a socrático-platônica e a judaico-cristã

Mas quando começou propriamente a parábola catastrófica da Modernidade? Empenham-se com particular afã na investigação das origens mais remotas da revolta servil as obras *Crepúsculo dos ídolos* (1889) e *O anticristo* (redigido também às vésperas do surgimento da sua loucura, mas publicado apenas em 1895). Em primeiro lugar é necessário acusar o cristianismo: no "conceito da *igualdade das almas ante Deus*", vê-se "o protótipo de todas as teorias da *paridade de direitos*", aquelas que depois são expressas politicamente na Revolução Francesa e no movimento socialista.[104] Se por um lado o cristianismo representa o momento em que vem a cabo a subversão de uma antiguidade clássica interiormente doente, por outro configura-se como uma revolta servil já no interior do mundo judaico,

> uma revolta contra a igreja hebraica [...], contra a hierarquia da sociedade – não contra sua corrupção, mas contra a casta, o privilégio, a ordenação, a fórmula; foi a incredulidade nos homens superiores.

---

103   IVI, p. 189, tradução italiana *cit.*, v. VIII, 1, p. 179.
104   *Nachgelassene Fragmente 1887-1889*, *cit.*, p. 331, tradução italiana *cit.*, p. 214.

A história e os efeitos **55|**

Em tal perspectiva, Jesus aparece como um

> *santo anárquico que conclamou o baixo povo, os*
> *"réprobos" e os "pecadores", os* Chandala *do Judaís-*
> *mo, a emergirem em revolta à ordem dominante – e*
> *com uma linguagem que, se os Evangelhos merecem*
> *crédito, hoje o conduziria à Sibéria.*

Ele era um "delinquente político, ao menos tanto quanto era possível o ser em uma sociedade tão
absurdamente apolítica". Mas o Judaísmo, contra o qual
Cristo e sobretudo Paulo se rebelam, é ele mesmo o
resultado de uma degeneração e contaminação servis. Bem outra coisa é o Judaísmo pré-exílico:

> *Originalmente, sobretudo na época do poder régio,*
> *também Israel se encontrava no relacionamento*
> *justo, natural com todas as coisas. Seu Javé era a*
> *expressão da consciência de sua própria potência,*
> *da alegria de viver, da esperança reposta em si: es-*
> *perava-se dele vitória e salvação, com ele se confia-*
> *va na natureza, que daria aquilo de que o povo pre-*
> *cisa – sobretudo a chuva. Javé era o Deus de Israel e*
> *por consequência Deus da justiça: é esta a lógica de*
> *todo povo que tem a potência e que dela se orgulha.*

O momento da virada é representado pela derrota e pelo exílio: nestas circunstâncias se desenvolve
uma outra revolução furiosa, da qual são protago-
nistas os "agitadores sacerdotais", que, pela primeira
vez, sustentam a ideia de uma "ordenação ética do
mundo" e submetem a uma radical transformação o
próprio conceito de Javé: estes "agora interpretam
toda boa sorte como prêmio, toda calamidade como

|56 *Nietzsche e a crítica da Modernidade*

castigo por uma desobediência a Deus, pelo 'pecado' ' ".
Neste ponto, a moral passa por um processo de auto-
nomização, desnaturalização e superfetação; ela

> *não é mais a expressão das condições de vida e de*
> *desenvolvimento de um povo, não é mais seu mais*
> *profundo instinto vital, mas tornou-se abstrata,*
> *tornou-se o oposto da vida.*

Em tal negação da vida reconhecem-se os fracassados da vida que, com seu zelo moral, lançam
um tipo de "mau-olhado" e maldição contra os
bem-sucedidos, contra aqueles que vivem com alegria uma condição já objeto de reprovação moral.[105]
É com os "agitadores sacerdotais", ou seja, com os
profetas hebreus, depois com aqueles "agitadores
cristãos" que são os "Padres da Igreja"[106] que começa
o ciclo de revolta servil e de atentado à vida, o qual
abarca mais de dois milênios de história.

Em terras gregas, tal desvalorização do aquém,
com referência a uma transcendência imaginária, ou
melhor, ao mundo das ideias e com o primeiro apare-
cimento de uma visão moral do mundo, encontra sua
expressão em Sócrates e Platão: no fundo, o platonis-
mo não é nada além de uma forma de "cristianismo
para o povo". Há uma relação entre as duas tradições
subversivas, a judaico-cristã e a que se desenvolve em
terras gregas? "Quando Sócrates e Platão tomaram
partido da virtude e da justiça, foram hebreus, ou

---

105 *L'Anticristo*, af. 27 e af. 25.
106 *Genealogia della morale*, III, af. 22.

A *história e os efeitos* **57|**

não sei o que mais".[107] A dialética e sua ironia, esta "forma de vingança plebeia", nós as vemos agindo na decadência grega e também entre os hebreus.[108] Pode-se até formular uma hipótese: "Platão talvez tenha frequentado a escola judaica".[109] É fato que a antiguidade clássica, a Roma sobre a qual a religião judaico-cristã consegue triunfar, já é uma "Roma judaizada". Estamos, portanto, diante de um gigantesco ciclo histórico. Depois de ter conseguido uma vitória decisiva primeiro com a Reforma e depois com a Revolução Francesa, "Judeia"[110] continua a ser a inspiradora em algum modo do próprio movimento socialista que, com seus sonhos de palingênese social, não faz nada além de continuar a agitar "a indigna frase hebraica do *céu* sobre a terra".[111]

Da evidenciação da linha de continuidade que caracteriza o milenário ciclo de revoltas servis resulta uma carga desmistificadora de dupla direção: de um lado dissipa a aura de inocência política e de sacralidade que circunda e funde a religião hebraica e cristã, e de outro é negado o caráter laico e científico que o movimento revolucionário e socialista ama se atribuir, movimento este que agora aparece como teologia superficialmente secularizada. Judaísmo e

---

107 *Nachgelassene Fragmente 1887-1889, cit.*, p. 331, tradução italiana *cit.*, p. 120-121.
108 *Crepuscolo degli idoli. Il problema Socrate*, af. 7.
109 *Nachgelassene Fragmente 1887-1889, cit.*, p. 264, tradução italiana *cit.*, p. 54.
110 *Genealogia della morale*, I, af. 6.
111 *Nachgelassene Fragmente 1869-1874, cit.*, p. 121, tradução italiana *cit.*, p. 118.

|58   *Nietzsche e a crítica da Modernidade*

cristianismo se caracterizam por seu antropocentrismo pequeno e vão que, em relação à antiguidade clássica e a outras culturas extraeuropeias, representa uma terrível regressão: "Como se pode fazer tanto alarde das próprias pequenas imperfeições, como fazem esses piedosos homúnculos! Ninguém se incomoda com eles, muito menos Deus".[112] E em vez disso, no âmbito do Velho e sobretudo do Novo Testamento, cada pequeno miserável pretende ser objeto de atenção de toda a ordem universal e de seu criador: "*esta gente* esmiúça suas coisas mais pessoais, sua estupidez, suas tristezas e míseras preocupações, como se o próprio ser das coisas tivesse a obrigação de se preocupar delas". O antropocentrismo continua a ser bem presente na Revolução Francesa que, com sua teoria dos direitos do homem, não apenas coloca no centro do Universo o mundo humano, mas, no âmbito deste último, atribui centralidade e dignidade de fim em si mesma também aos seres mais medíocres e miseráveis. É apenas um nome diverso para o velho e bom Deus cada "presumível aranha de propósito e moralidade por trás da grande tela e teia da causalidade";[113] mas tal aranha é o fio condutor da fé progressista e revolucionária em um processo do mundo tendente a realizar a felicidade para todos e a harmonia universal. Na obra vemos a mesma concepção de tempo que parece ter conseguido ou está por conseguir seu fim, sua *plenitude*:

---

112   *Genealogia della morale*, III, af. 22.
113   IVI, af. 9.

"O 'juízo final' [...] é a revolução como espera até o operário socialista, apenas pensada um pouco mais distante".[114]

8. Radicalidade, "inatualidade" e fissuras do projeto reacionário

Esta impiedosa releitura da tradição revolucionária termina por assumir tons "inatuais" exatamente em virtude de seu radicalismo e de seu âmbito de aplicação. A tarefa, ou melhor, a missão de salvar a cultura e a Europa, os nacional-liberais alemães a confiam à Alemanha, ao país da Reforma, a quem atribuem o mérito de ter restabelecido intimidade e vitalidade a um cristianismo que arrisca se tornar exangue na Roma dos papas renascentistas e pagãos. É exatamente este, aos olhos do filósofo, o crime capital de Lutero, o qual, ao infundir nova vida a uma religião intrinsicamente subversiva, constitui o ponto de partida da primeira grande onda de revolução plebeia e servil que toma o Ocidente. Sem Lutero é impensável a Guerra dos camponeses ou o levante dos servos da gleba, e também é impensável a revolução puritana na Inglaterra. Bem mais robusto que nos ideólogos nacional-liberais é o senso histórico em Nietzsche, o qual fala da Reforma como um movimento plebeu "alemão e inglês"[115] e se refere a

---

114 *Crepuscolo degli idoli. Scorribande di un inattuale*, af. 34.
115 *Genealogia della morale*, I, af. 16.

| *60* *Nietzsche e a crítica da Modernidade*

Cromwell e aos "niveladores".[116] Da Inglaterra, então, partem aqueles dissidentes religiosos que têm um papel não irrelevante na Revolução Americana. Por meio de múltiplas mediações, um único ciclo conduz desde Lutero até as desordens na França: é uma tese que já podemos ler em Hegel, e, na segunda metade de 1800, em Engels; o fato de que esta agora se represente com um juízo de valores invertido não diminui seu antagonismo em relação à ideologia dominante. É interessante notar que tal ciclo se prolonga: na primeira fila da agitação abolicionista está aquela que *Além do bem e do mal* define como "uma raça de ex-puritanos".[117]

Por sua vez, a Revolução Francesa deixou marcas profundas no idealismo alemão. Nietzsche chama repetidamente a atenção ao entusiasmo manifestado por Kant sobre tal acontecimento. Mas, além desta ou daquela posição política, há que se fazer uma consideração de caráter geral. A tese da filosofia clássica alemã como *pendant* histórico da Revolução Francesa, esta tese, enunciada por Hegel e bem presente em Marx e Engels, representa-se de alguma forma também no grande pensador reacionário, mesmo que com um juízo de valores novamente diverso e contraposto. Nietzsche denuncia "as duas farsas nefastas, a revolução e a filosofia kantiana, a prática da razão revolucionária e a revolução da razão 'prática' ". A subversão é "comum a qualquer

---

116   *Al del là del bene e del male*, af. 46 e 44.
117   IVI, af. 228.

moral e à *revolução*".[118] Em um plano teórico mais geral, se a moral "trata como inimigos aqueles que detêm o poder, os violentos, os 'senhores' em geral" e os "dominadores" e a *sua vontade de potência*", enquanto encoraja "o homem comum",[119] então está claro que a denúncia do caráter subversivo e plebeu da moral não pode não golpear de forma privilegiada Kant e a Alemanha: neste sentido "os alemães são *canaille*".[120]

Tal *canaille* se faz sentir também na agitação antissemita que na Alemanha é particularmente virulenta. Em nome do cristianismo, a ideologia dominante coloca sob acusação não apenas socialistas, comunistas e anarquistas, mas os próprios judeus, denunciados como subversivos pelo menos no plano religioso e cultural. E, mesmo sendo um crítico implacável do judaísmo em sua totalidade, Nietzsche enxerga nele um estágio menos avançado da doença revolucionária em relação ao cristianismo. O antissemitismo resulta absurdo e repulsivo, pelo fato de que, em suas investidas contra as finanças e as posições de prestígio profissional de poder ocupadas pelos judeus, não faz nada além de expressar o *ressentiment* dos fracassados da vida contra os bem-sucedidos, contra a aristocracia ou o que dela resta. Aquele "socialismo dos imbecis" que, segundo a célebre

---

118   *Nachgelassene Fragmente 1887-1889, cit.* p. 444, tradução italiana *cit.*, p. 233.
119   *Nachgelassene Fragmente 1885-1887, cit.*, p. 213, tradução italiana *cit.*, v. VIII, 1, p. 203.
120   *Ecce homo. Il caso Wagner*, af. 4.

definição de August Bebel (discípulo e colaborador de Engels), é o antissemitismo, é condenado por Nietzsche com uma atitude carregada de desprezo, tanto em relação aos imbecis, quanto ao socialismo como tal, tanto que, para o filósofo, há uma ligação orgânica e constitutiva entre a ideologia em questão e sua base social, constituída de gente fracassada em todos os pontos de vista, inclusive o intelectual.

Aos olhos dos nacional-liberais, Lutero é também o protagonista da reação nacional alemã. Mas, a partir de um ponto de vista tão elevado, que coloca em discussão mais de dois milênios de história, toda exaltação e agitação chovinista não pode não parecer mesquinha, absurda e contraproducente. Essa agitação pressupõe e acelera a massificação do mundo moderno. Também a esse propósito, revela-se o superior senso histórico do filósofo, que é bem consciente de que a categoria de "nação" pressupõe o combate ou a desagregação de um antigo regime fundado em uma insuperável contraposição de castas, e, portanto, incapaz de expressar qualquer comunidade, inclusive a nacional. A Alemanha empenhada na resistência antinapoleônica cheira à subversão para Nietzsche, que ressalta o caráter plebeu e de massa de tal movimento, sua tentativa de emprestar dos jacobinos o modelo de guerra de povo, direcionada agora contra um herói, a quem o filósofo atribui o mérito de ter reestabelecido a ordem na França, cortando a cabeça da hidra revolucionária. Apoiando-se em Lutero, na resistência antinapoleônica e, então, na guerra franco-prussiana, os nacional-liberais alemães se afirmam campeões da luta contra uma latinidade corrompida e corruptora. Mas, em relação ao Império Guilhermino que reivindica sua missão imperial em nome da germanicidade cristã e protestante, como superiores devem parecer aos olhos do autor de *O anticristo* os países em cuja cultura e em cujos costumes ainda é possível sentir o eco da grande estação pagã e renascentista!

No Nietzsche maduro, a Alemanha é símbolo da Modernidade mais repulsiva. Com uma mudança radical em relação a *O nascimento da tragédia*, agora é o caráter categórico e irredutivelmente plebeu, moderno e democrático da tradição cultural e da política alemã o que estimula sua antítese mais radical: "Eu não seria possível sem uma raça de natureza contrária, sem os Alemães, *estes* Alemães". Exclusivamente no âmbito de tal perspectiva é que podem ter alguma justificativa os vários movimentos subversivos desenvolvidos na Alemanha ou que nela encontraram seu lugar: "Até o cristianismo se torna necessário: apenas a forma suprema, mais perigosa, mais sedutora do não à vida desafia sua suprema afirmação: *eu*".[121]

Nietzsche é inatual não apenas em relação ao Império Guilhermino. A nostalgia do *otium* de um lado emerge na reivindicação da escravidão, e de outro na

---

121 *Nachgelassene Fragmente 1887-1889, cit.* p. 641, tradução italiana *cit.*, p. 411.

|64 *Nietzsche e a crítica da Modernidade*

denúncia da sociedade capitalista em que a divisão do trabalho penetra cada vez mais profundamente no âmbito das mesmas classes dominantes. A esse propósito é esclarecedor um fragmento dos anos 1880:

> A escravidão do presente: *uma barbárie!* Onde *estão aqueles para os quais os escravos trabalham? Não se deve sempre esperar por uma contemporaneidade das duas castas reciprocamente complementares; a incapacidade ao* otium *contagiou as mesmas classes dominantes.*[122]

Isso é demonstrado pelos EUA, onde resistiu por mais tempo (em relação ao Ocidente) a escravidão propriamente dita, e onde, todavia, primeiro e de forma mais radical do que em qualquer outro país triunfou o "espasmódico frenesi do trabalho".[123] Assim, a apaixonada celebração do *otium* é sim o sonho de um mundo já tomado por Modernidade, mas também, ao mesmo tempo, uma análise crítica extraordinariamente rica da penetração da divisão do trabalho no âmbito cultural, com a consequente perda da percepção e da necessidade da totalidade e com a redução da atividade intelectual a um simples artesanato e com produção parcelada, conduzida com espírito gregário e incapaz de expressar um mínimo de criticismo.

A inatualidade produz efeitos decididamente paradoxais. Dita como é, a partir de um ponto de

---

122 *Nachgelassene Fragmente 1882-1884, in: KSA*, v. X, p. 296, tradução italiana *in: Opere di Friedrich Nietzsche, cit.*, v. VII, 1, parte I, p. 282.
123 *La gaia scienza*, af. 329.

vista tão elevado e tão remoto em relação ao presente, a crítica a todos os campos da Modernidade é sem dúvida a liquidação sem apelos da democracia e da "demolatria", mas também a denúncia daquele tipo de sociedade do espetáculo que vai se delineando e do uso que ela faz da psicologia das multidões (uma disciplina não por acaso às vésperas de sua explícita teorização na obra de Gustave Le Bon). É isso que parece emergir da furibunda polêmica contra Wagner e sua música, que não apenas é principalmente teatro, "esta arte de massa por excelência", mas um teatro que requer a presença de "massa" e não de "indivíduos", que tudo transforma em "povo, rebanho, membros de patronados, idiotas – wagnerianos", e onde "até a consciência mais racional se sujeita ao fascínio nivelador do grande número".[124]

Nietzsche ainda condena o cristianismo em nome da inseparabilidade da escravidão e da cultura. A expansão colonial (e a conseguinte submissão em massa dos "indígenas" a relações de trabalho servis ou semisservis) é promovida naqueles anos proclamando a necessidade da difusão da religião cristã e da cultura: "Neste momento" – observa *Ecce homo* – "o imperador alemão diz que é seu 'dever cristão' libertar os escravos da África"![125] E não é tudo. Com grande lucidez, o filósofo ressalta que a " 'abolição

---

124 *Nietzsche contra Wagner, in: KSA*, v. VI, p. 419-420, tradução italiana *in: Opere di Friedrich* Nietzsche, *cit.*, v. VI, 3, p. 392-393.
125 *Ecce homo. Il caso Wagner*, af. 3; *cf.* também *Nachgelassene Fragmente 1887-1889, cit.*, p. 643, tradução italiana *cit.*, p. 413. Ironia análoga *in: Nietzsche contra Wagner. Dove va collocato Wagner.*

da escravidão', esta suposta contribuição à 'dignidade do homem', é na realidade a aniquilação de uma estirpe profundamente diversa", levada avante por um "soterramento de seus valores e de sua felicidade", mediante uma operação em prol da destruição preliminar da identidade cultural do povo a subjugar.[126] Nesse sentido, "a abolição da escravidão" é uma palavra de ordem funcional à melhora ideológica de um programa político que na realidade significa "algo de completamente diverso (até oposto!)", e, portanto, do etnocídio.[127]

Eis o último paradoxo. A partir do ambicioso projeto reacionário já visto de identificar e remover de uma vez por todas as raízes daninhas da Modernidade que há dois milênios devasta o Ocidente, a *IV Considerações* define desdenhosamente o cristianismo como um simples "fragmento de antiguidade oriental",[128] demonstrando assim compartilhar do discurso exaltado da Europa e do Ocidente que constitui um elemento central da ideologia dominante no seu tempo (e não apenas no seu). A denúncia do quanto de orientalizante existiria na história do Ocidente evidencia a labilidade dos limites entre Ocidente e Oriente, ou melhor, entre cultura e barbárie. Tanto que o próprio Ocidente é o lugar em que a

---

126 *Nachgelassene Fragmente 1885-1887*, *cit.*, p. 437-438, tradução italiana *cit.*, v. VIII, 2, p. 89-90.
127 *Nachgelassene Fragmente 1887-1889*, *cit.*, p. 62, tradução italiana *cit.*, v. VIII, 2, p. 271.
128 *Unzeitgemäße Betrachtungen*, IV, *in: KSA*, v. I, p. 446, tradução italiana *in: Opere di Friedrich Nietzsche, cit.*, v. IV, 1, p. 19.

tradição religiosa judaico-cristã se propagou, a mais subversiva e daninha de todas. Ela destruiu "a *saúde* e a galhardia da raça" em primeiro lugar da Europa, em cujo âmbito entram também os Estados Unidos; o ideal ascético, que naquela tradição tem um papel central, "pode ser definido *como a verdadeira fatalidade* na história da saúde do homem europeu".[129] Enfim, devemos notar que a condenação da contaminação "oriental" de dois milênios de história "ocidental" coloca tal "fragmento" em uma jornada de tempos longuíssimos ou imensuráveis, terminando assim objetivamente por ridicularizar, como expressão de um provincianismo limitado, toda forma de eurocentrismo.

Os efeitos paradoxais da inatualidade se multiplicam por um fator posterior. Falamos sobre a hostilidade com que Nietzsche pretende perseguir, desde suas mais remotas origens, a tradição revolucionária. Agora, porém, é preciso ressaltar que esta é colocada sob acusação a partir de seus elementos de fraqueza investigados com grande lucidez e perspicácia extraordinária. Vivendo em condições materiais de restrição, por razões também de sobrevivência, as classes subalternas são obrigadas a desenvolver aquela que Adam Smith define como "moral austera", caracterizada pela glorificação do trabalho e do sacrifício, das suspeitas e da hostilidade em relação ao luxo e à liberdade sexual e espiritual

---

129 *Genealogia della morale*, III, af. 21.

| **68**   *Nietzsche e a crítica da Modernidade*

própria da "moral liberal" das classes dominantes.[130] É esta "moral austera", cheia de inveja e frustrações, que Nietzsche vê agir nos movimentos plebeus de revolta, de Jesus a Lutero, de Rousseau até os socialistas de seu tempo. Aqui também não há espaço para distinções: o filósofo conhece o movimento socialista sobretudo pelo antissemita Dühring e ignora Marx e Engels. Esses, junto à sociedade capitalista, submetem à crítica implacável a pretensão de dar um "verniz socialista" ao "ascetismo cristão", ou melhor, ao "ascetismo universal". Essa pretensão de movimentos, afetados pela angústia das condições de vida de sua base social, expressam, frequentemente, apesar de sua carga de rebelião, tendências ou aspectos "reacionários".[131] E, portanto, Nietzsche liquida a inteira tradição revolucionária colocando em evidência, generalizando e absolutizando seus traços "reacionários".

A cada etapa da parábola revolucionária, o filósofo contrapõe a maior riqueza cultural e o maior equilíbrio do regime ocasionalmente trocado. Comparado a Voltaire ou Montaigne, Rousseau faz feio, e o mesmo vale para Lutero em relação a Erasmo e ao Renascimento; a respeito dos autores da antiguidade clássica, Jesus e os "agitadores cristãos [...] chamados Padres da Igreja" são como " 'o exército da salvação'

---

130   SMITH, A. *An inquiry into the nature and the causes of the wealth of nations*, 1775-1776; III ed. 1783 (citamos a reimpressão, Indianápolis: Liberty Classics, 1981, da ed. de Glasgow), p. 794, tradução italiana Milão: Mondadori, 1977, p. 782.
131   MARX, K.; ENGELS, F. *Manifest der kommunistischen Partei* (1848), *in: Werke, cit.*, v. IV, p. 484 e p. 489, tradução italiana *cit.*, v. VI, p. 508 e 514.

A história e os efeitos **69|**

inglês" em relação a Shakespeare e aos "outros 'pagãos' " que ele pretende combater. Mas o cristianismo revela sua pobreza e rudeza mesmo quando comparado ao judaísmo: "para o Velho Testamento, todo o meu respeito!"; neste estão presentes "grandes homens" e "uma paisagem heroica". Outra coisa é " 'o Novo Testamento' " (não por acaso colocado por Nietzsche entre aspas), com "gentinha de província", afetada por obsessão maníaca pelas "próprias pequenas imperfeições".[132]

Não apenas no plano propriamente cultural, mas também no moral e no antropológico, os expoentes do velho regime se revelam superiores em relação aos representantes do novo, inevitavelmente falidos e fanáticos: "Savanarola, Lutero, Rousseau, Robespierre e Saint-Simon" são todos "espíritos *doentes*", ou melhor "epiléticos da ideia" que, todavia, "agem sobre a grande massa — os fanáticos são pitorescos, a Humanidade prefere ver gesticulações em vez de escutar *razões*".[133] Todo movimento revolucionário ou de renovação radical da sociedade parece implicar alguma fé em um futuro melhor; para colocar em ação as forças necessárias à mudança pretendida, um projeto de uma sociedade diversa não pode deixar de expressar também uma forte tensão moral e liberar uma carga de alguma forma missionária. Se se destinasse à classe dominante, ou melhor, a seus membros mais equilibrados e iluminados, o

---

132 *Genealogia della morale*, III, af. 22.
133 *L'Anticristo*, af. 54.

ceticismo condenaria as classes subalternas à resignação ou à impotência. Pouco propenso a distinções ou a justificativas, Nietzsche traça uma linha de continuidade de *Credo quia absurdum* de Tertuliano até a fé do movimento socialista na palingênese social. Os termos com que o filósofo descreve o contraste entre romanidade e cristianismo têm um valor paradigmático e exemplar. De um lado Pilatos, que declara não saber qual a verdade, e de outro lado, Jesus, que com essa pretende se identificar.[134] De uma parte a "nobre e frívola tolerância" de Roma, que em seu centro tem "não mais a fé, mas a liberdade da fé", e de outra parte, "o escravo", que "quer o incondicional, compreende apenas o tirano, mesmo na moral" e que na "sorridente indiferença" dos patrões vê um insulto a seu sofrimento: "O 'Iluminismo' suscita a revolta".[135]

9. Eterno retorno, vontade de potência e aniquilação dos malsucedidos

A emancipação da religião e de seus substitutos é celebrada com tons de suave sedução: "Deixamos a terra e embarcamos no navio! Queimamos as pontes atrás de nós – e não é tudo: destruímos a terra atrás de nós". Estamos assim "no horizonte do infinito", um

---

134 IVI, af. 46.
135 *Al di là del bene e del male*, af. 46.

horizonte fascinante, mas sem valores consagrados, sem certezas, sem pontos de referência, e, portanto, inquietante até o desespero; neste sentido, "não há nada mais assustador do que o infinito". Querer voltar seria, todavia, vão e pessimista: "Mal será se você sentir saudades da terra, como se lá houvesse mais liberdade – e não existe mais 'terra' nenhuma!".[136] Ela acabou com a morte de Deus, anunciada antes em *A gaia ciência* e depois em *Assim falou Zaratustra*. A partir destas páginas e destes temas, Nietzsche frequentemente foi lido como o teórico ou o profeta do individualismo pós-moderno, ou seja, um individualismo que já queimara as pontes com a "terra" da teologia e da filosofia da história, com a finitude do Universo pré-copernicano e pré-darwiniano. Mas é interessante ver onde vai chegar a crítica do messianismo e de toda forma de teologia ou filosofia da história: "o cristão vive na esperança" e com ele "a grande multidão de escravos"[137] antigos e modernos, seduzidos pela pregação evangélica, ou melhor, da socialista. Tal espera confiante é liquidada mediante a contraposição à visão unilinear do tempo, própria da tradição judaico-cristã, da tese, emprestada da antiguidade clássica, do eterno retorno do idêntico. E, assim, Nietzsche parece querer voltar ao ponto de partida. No esforço de colocar em discussão, se não cancelar, dois milênios de história, passa da denúncia do "dano da história para a vida" à radical

---

136   *La gaia scienza*, af. 124.
137   *Aurora*, af. 456.

|72 *Nietzsche e a crítica da Modernidade*

historicização do saber. Esta envolve, por fim, o sentimento da esperança e a visão unilinear do tempo sobre qual esse se baseia, e tal visão é relativizada primeiro mediante a evidência de sua gênese histórico-social (as ilusões e as pretensões dos excluídos que se indignam no mundo judaico-cristão), e depois excluída definitivamente com a tese ou com o mito do eterno retorno do idêntico. A fuga para trás da catástrofe da Modernidade e da noite que ameaça a cultura é responsável pela redescoberta do meio-dia pagão da inocência do tornar-se e do eterno retorno: as reivindicações feitas à realidade político-social em nome da moral e de pretensos valores universais parecem não mais ter sentido; até no plano cosmológico não há mais lugar para as esperanças de redenção ou de mudança das classes subalternas, ou dos escravos acorrentados ao carro da cultura.

Neste ponto, a condenação do Apocalipse cristão e socialista se configura como a condenação de toda a transcendência, religiosa ou revolucionária que seja: com sua espera pelo "juízo final", cristãos e socialistas se servem do além, celeste ou mundano que seja, para "enlamear o aquém" e "condenar, caluniar, enlamear a *sociedade*".[138] Enlameando o aquém e contrapondo a este um além ou um fim, um "mundo verdadeiro" que desvaloriza o presente e o terreno, o movimento que do cristianismo conduz ao socialismo desemboca inevitavelmente no niilismo, do qual, porém não é consciente aquela

---

138 *Crepuscolo degli idoli. Scorribande di un inattuale*, af. 34.

tradição, agarrada à busca de um sentido ultramundano que não há. Conduzido ao seu cumprimento e considerado como a dissolução consciente e final de todo patrimônio metafísico e teológico, "como *negação* de um mundo verdadeiro, de um Ser" e como a recuperação plena e alegre do sentido da terra, o niilismo é sinônimo de libertação e "*poderia ser um pensamento divino*".[139] Ao tema do niilismo, em suas diversas formas e de sua possível superação, passando por planos de trabalho sempre novos e incessantes repensamentos, Nietzsche gostaria de dedicar aquela que parece considerar às vezes sua obra principal, *A vontade de potência*, que não por acaso permanece incompleta. E, todavia, transparece com muita clareza a outra face da "transvaloração dos valores". O super-homem cujo advento Zaratustra deseja e profetiza depois da morte de Deus recupera o sentido da terra e da alegria terrena esmagado por uma tradução milenar, mas afirma também uma vontade de potência. Essa que é a própria essência da vida e que pode ser ainda mais priva de escrúpulos pelo fato de que ilusória e enganosa se revelou toda moral declinada no singular, toda comunidade ética capaz de unir os homens, cada discurso que se referia ao homem como tal. Zaratustra, "o sem Deus", "este anticristo e antiniilista, este vencedor de Deus e do nada", nos salva "do grande nojo, da vontade do nada, do niilismo" e afasta "os ideais hostis à vida, caluniadores do mundo",

---

139 *Nachgelassene Fragmente 1885-1887, cit.*, p. 345, tradução italiana *cit.*, v. VIII, 2, p. 16.

mas para dar espaço a "espíritos fortificados por guerras e vitórias" e que não expressam culpa ou mal-estar por sua "sublime maldade".[140] O cristianismo revela ser afetado por repugnante "ódio contra a terra e o terreno" também pelo fato de que desejaria "destruir qualquer forma de autodomínio, de virilidade, de espírito de conquista, de avidez pelo poder" e pretenderia "conservar e manter em vida", até celebrar, "este excesso de casos malsucedidos", este "resíduo de abordados, de doentes, de degenerados, de fracos, que sofrem necessariamente" que a Humanidade, como "qualquer outra espécie animal", e até mais que qualquer outra, necessariamente produz.[141] Por outro lado, o que é o niilismo da tradição cristão-socialista se não uma "moral da compaixão" que, obstinando-se a voltar sua solicitude àquilo que é digno de perecer, acaba por negar a vida?[142]

O "crescimento são da espécie" exige a amputação ou o sacrifício dos "malsucedidos, fracos e degenerados". Obstinando-se a querer salvá-los, o cristianismo e o socialismo perdem de vista as exigências da "criação total" da espécie e se deixam assim guiar por um "altruísmo", que é a máscara na realidade do "egoísmo de massa dos fracos". Como o primeiro, também o último Nietzsche parece apelar à moral: "A autêntica filantropia exige o sacrifício

---

140 *Genealogia della morale*, II, af. 25 e 24.
141 *Al di là del bene e del male*, af. 62.
142 *Genealogia della morale*, pref., 5.

como vantagem para a espécie", enquanto a negação de tal sacrifício representa a "extrema *imoralidade*";[143] "a seleção na espécie, sua purificação de resíduos" é "a virtude por excelência"; "devem-se amputar os membros doentes – eis a primeira moral da sociedade"; "a sociedade é um corpo no âmbito do qual a nenhum membro é lícito estar doente".[144] Aqueles que, cegos pelo mito do progresso, por respeito supersticioso aos "materiais de recusa e de descarte", comportados inevitavelmente por qualquer processo vital,[145] e por "compaixão pela gente pobre", gostariam de abolir as "calamidades" ou as supostas calamidades que afligem a Humanidade, cometem a grave culpa de se oporem à "grande economia do Todo",[146] tornam-se culpados do "delito contra a vida", ou do *delito capital contra a vida*".[147]

Agora a tradição revolucionária é acusada de desenvolver não uma moral gregária, mas, ao contrário, uma moral que absolutiza o indivíduo. Com o cristianismo

> *o singular se tornou tão importante que não é mais possível sacrificá-lo: diante de Deus todas as 'almas' são iguais. Mas isso significa colocar em questão, da forma mais perigosa, a vida da espécie.*

---

143 *Nachgelassene Fragmente 1887-1889*, cit., p. 471, tradução italiana *cit.*, p. 258.
144 IVI, p. 413, tradução italiana *cit.*, p. 203.
145 IVI, p. 87, tradução italiana *cit.*, v. VIII, 2, p. 293.
146 *Ecce homo. Perché sono un destino*, af. 4.
147 *Nachgelassene Fragmente 1887-1889*, cit., p. 471 e 417, tradução italiana *cit.*, p. 258 e 207.

Tal religião "enfraqueceu a força *de sacrificar os homens*", exigindo que sejam poupados "todos os sofredores, os deserdados, os doentes" e bloqueando com isso a necessária "seleção".[148] Nos últimos anos de vida consciente do filósofo, torna-se central o tema do ajuste radical de contas com aqueles que colocam em perigo a existência ordenada da cultura e da própria vida. Deve-se ao fim "aniquilar milhões de malsucedidos",[149] é preciso "aniquilar com olhos divinos e sem entraves";[150] "aqui não podem existir *acordos*: aqui é preciso destruir, aniquilar, fazer guerra".[151] E ainda: "Os fracos e malsucedidos devem perecer [...]. E realmente deve-se ajudá-los nisto";[152] o necessário e benéfico "atentado a dois milênios contra a natureza e deturpadores do homem" comporta "a inexorável aniquilação de cada elemento degenerado e parasitário".[153]

Tais declarações soam sinistras, mas devemos colocá-las em seu contexto histórico. O filósofo exige a "castração" para os delinquentes,[154] "para os doentes crônicos e neurastênicos de terceiro grau", para os "sifilíticos": é preciso em resumo impedir a procriação

---

148   IVI, p. 218-219, tradução italiana *cit.*, p. 10-11.
149   *Nachgelassene Fragmente 1884-1885*, *cit.*, p. 98, tradução italiana *cit.*, p. 86.
150   *Nachgelassene Fragmente 1885-1887, cit.*, p. 31, tradução italiana *cit.*, v. VIII, 1, p. 23-24.
151   *Nachgelassene Fragmente 1887-1889*, *cit.*, p. 220, tradução italiana *cit.*, p. 12.
152   *L'Anticristo*, af. 2.
153   *Ecce homo. La nascita della tragedia,* af. 4.
154   *Nachgelassene Fragmente 1885-1887*, *cit.*, p. 479, tradução italiana *cit.*, v. VIII, 2, p. 129.

A história e os efeitos

"em todos os casos em que um filho fosse um delito" e "colocar um filho no mundo" fosse "pior que tirar uma vida".[155] São anos em que um primo de Darwin, Francis Galton (conhecido por Nietzsche e por ele citado com louvor),[156] lança a "eugenética", que logo tem grande sucesso, em particular nos EUA, o país que nesse momento se distingue na realização prática das medidas desta nova "ciência". Sob a força de um movimento já desenvolvido no fim dos 1800, entre 1907 e 1915 treze estados americanos promulgam leis para a esterilização coercitiva, a que devem ser sujeitados, segundo a legislação da Indiana (o estado que primeiro se move em tal direção), "delinquentes habituais, idiotas, imbecis e abusadores". Não faltam aqueles que, considerando tais medidas insuficientes, enfatizam a esterilização em primeiro lugar como medida de profilaxia social, a que deveriam ser sujeitados os pobres e vagabundos habituais e, de forma mais geral, as classes inferiores e tendencialmente criminosas.[157]

Nietzsche se pronuncia pela "aniquilação das raças decadentes".[158] Também neste caso é necessário precisar o quadro histórico. Alguns anos antes de o filósofo alemão escrever este texto aqui citado,

---

155 *Nachgelassene Fragmente 1887-1889, cit.*, p. 401-402, tradução italiana *cit.*, v. VIII, 3, p. 191.
156 O filósofo o cita com louvores em duas cartas a F. Overbeck (Sils, 4 de julho de 1888) e A. Strindberg (Turim, 8 de dezembro de 1888), *in: Nietzsche Briefwechsel, cit.* v. III, 5, p. 347 e 508.
157 FINK, A. E. *Causes of crime. Biological theories in the United States 1800-1915* (1938). Nova York: Perpetua, 1962, p. 188-210.
158 *Nachgelassene Fragmente 1884-1885, cit.*, p. 69, tradução italiana *cit.*, p. 59.

um teórico do social-darwinismo como Ludwig Gumplowicz refere o fato, considerado óbvio e pacífico, pelo qual, em determinadas condições, "os homens da selva e os hotentotes" são considerados e tratados "como 'seres' (*Geschöpfe*) que é lícito exterminar à guisa de caçada no bosque"; até "os bôeres cristãos" se comportam assim.[159] Por outro lado, o mesmo Nietzsche se refere à prática da expansão e do domínio colonial do tempo, já que justifica (ou celebra) a "'barbárie' dos meios" empregada pelos conquistadores "no Congo ou onde for": a necessidade de manter "a senhoria sobre os bárbaros" exige a liquidação da habitual "benevolência europeia".[160] A atmosfera cultural e política do fim dos 1800 é carregada da ideia ou da tentação do recurso a medidas "eugenéticas" que, no caso das populações coloniais, estão perigosamente perto do genocídio.

10. Metáfora e história

Nietzsche constantemente, e com razão, ressaltou a própria "inatualidade". Esta, porém, não é sinônimo de estraneidade ao próprio tempo. Aqueles que pretendem isolá-lo do contexto histórico e político, imergindo-o em um banho de inocência, terminam

---

159 GUMPLOWICZ, L. *Der Rassenkampf Soziologische Untersuchungen*, Wagner'sche Universitätsbuchhandllung, Innsbruck 1883, p. 249.
160 *Nachgelassene Fragmente 1885-1887*, *cit.*, p. 471, tradução italiana *cit.*, v. VIII, 2, p. 120.

A *história e os efeitos*

por prestar um mau serviço ao autor que dizem venerar. É uma simples metáfora a celebração da escravidão como fundamento ineliminável da cultura? Devemos supor que o filósofo ignorava totalmente o debate que acontece em seu tempo e à sua volta a respeito desta concreta instituição jurídica? Do que então seriam metáfora a reivindicada "castração" dos delinquentes e a desejada "aniquilação das raças inferiores"? Vez ou outra se quis ler, de forma metafórica e inocente, a vontade de potência como arte. Porém, esta, em Nietzsche, não apenas tem uma função eminentemente política, mas também pode expressar uma terrível carga de violência. Um papel importantíssimo na "queda dos valores" dominantes pode ser desempenhado por "certos artistas insaciavelmente ambiciosos, que lutam inexorável e absolutamente para os direitos especiais dos homens superiores e contra o 'animal do grupo' ". Por outro lado, os grandes homens chamados a acabar com os dogmas da " 'paridade de direitos' " e da " 'piedade para todos aqueles que sofrem' " devem demonstrar uma "vontade artística de altíssima ordem".[161]

Na realidade, o filósofo tem um senso histórico e político claramente mais robusto do que os atuais representantes da hermenêutica da inocência. Percebe-se logo um grande historiador como Burckhardt, que assim escreve ao ex-colega de ensino universitário: "No fundo o senhor ensina sempre

---

161 *Nachgelassene Fragmente 1884-1885, cit.*, p. 581-582, tradução italiana *cit.*, p. 261-262.

história e, neste livro, abriu algumas incríveis perspectivas históricas"; "o que eu sobretudo compreendo de sua obra são os juízos históricos e, em particular, seus olhares sobre o tempo histórico". Bem longe de se irritar por tais juízos que o colocam em um terreno alótrio em relação à pura filosofia, poesia, metáfora, Nietzsche se sente tão lisonjeado que por um instante parece até considerar a ideia de voltar ao ensino universitário, desta vez na pele de historiador. Assim comenta, escrevendo a Lou Salomé, a primeira das duas cartas de Burckhardt aqui citadas: "Talvez eu me visse como sucessor da sua cátedra".[162] Por outro lado, ao enviar ao grande historiador da Basileia *Além do bem e do mal*, o filósofo lhe anexa uma carta: "Não conheço ninguém que como o senhor tenha um tal conjunto de pressupostos comuns a mim".[163] Obviamente, não é necessário sobrecarregar de significados aquilo que em parte são expressões circunstanciais; todavia, é de se pensar sobre o fato de que, em outra ocasião, Nietzsche declare ter "passado pela escola de Tocqueville e Taine"[164] – com este, tem um relacionamento epistolar marcado por estima recíproca. Burckhardt, Taine e Tocqueville: os três historiadores têm em comum a crítica à tradição revolucionária.

---

162   Carta de Jacob Burckhardt a Nietzsche de 13 de setembro de 1882 e de 26 de setembro de 1886, *in: Nietzsche Briefwechsel*, *cit.*, v. III, 2, p. 288 e v. III, 4, p. 221-222; para a carta a Lou Salomé de 16 de setembro de 1882 ver IVI, v. III, 1, p. 259.
163   Carta a Burckhardt de 22 de setembro de 1886, *in:* IVI, v. III, 3, p. 254-255.
164   Carta a F. Overbeck de 23 de fevereiro de 1887, *in:* IVI, v. III, 3, p. 254-255.

A história e os efeitos

O filósofo não apenas volta uma constante atenção à história, como também a lê em termos de "luta de grupos e classes" (*Stände- und Classenkampf*),[165] com uma definição que faz pensar naquela célebre de Marx, ainda que no primeiro caso as classes acabem por se reduzir esquemática e às vezes naturalisticamente, além de uma concreta dialética histórica, àquela dos senhores e dos escravos. Todavia, ao se empenhar em ler o conflito de classes, encontrado também na moral, na religião, na ciência, no "silogismo" socrático, na arte e até na "sociologia atual" e na "música atual",[166] Nietzsche em certo sentido é mais radical e mais drasticamente político que o próprio Marx. Esse, talvez por causa de oscilações e contradições, parece colocar a ciência em uma esfera ao menos parcialmente transcendente ao conflito. O filósofo, assim frequentemente interpretado de forma metafórica, não apenas pensa em termos profundamente políticos, mas se coloca também o problema dos instrumentos necessários para a obtenção dos objetivos enunciados. Ele aspira explicitamente a um "novo partido da vida", que convida a "criar" em função justamente da "*grande* política",[167] caracterizada pelo desprezo à mesquinhez chovinista e provinciana da "pequena política" nacional-liberal e pela consciência de que a contradição principal,

---

165 *Nachgelassene Fragmente 1885-1887, cit.*, p. 493, tradução italiana *cit.*, v. VIII, 2, p. 140.
166 *Nachgelassene Fragmente 1887-1889, cit.*, p. 220, tradução italiana *cit.*, p. 12.
167 *Ecce homo. La nascita della tragedia*, af. 4.

que atravessa invasivamente e com profundidade qualquer manifestação cultural e em torno da qual tudo gira e deve girar, é aquela entre senhores e servos. Nesse sentido, bem longe de ser impolítico, Nietzsche deve ser considerado *totus politicus.*

Devemos então interpretá-lo, em virtude de sua celebração da escravidade e de seu apelo à aniquilação dos malsucedidos, como o profeta do Terceiro Reich? Em tal direção parecem seguir Lukács e, mais recentemente, um autor de ideias políticas contrapostas, Ernst Nolte. Não por acaso, propondo tal leitura estão um intérprete profundamente embebido de cultura histórica ou um historiador profissional, dois autores, portanto, pouco propensos a reduzir a dura espessura das tomadas de posição política a um inocente jogo de metáforas. Todavia, omitindo-se o tempo histórico em que vive e se coloca o autor questionado, tal leitura arrisca se colocar no terreno da contraposição de metáfora a metáfora. De um ponto de vista estritamente metodológico, não é tão relevante a diferença entre aquele que interpreta a filosofia de Nietzsche como a metáfora ou a profecia do universo concentracionário hitleriano e aquele que a interpreta como metáfora ou profecia do indivíduo pós-moderno, já livre das cepas da religião, da moral e da filosofia da história. Comum às duas interpretações é a abstração do tempo histórico, que aqui, entretanto, buscamos precisar. Diferentemente de ler apressadamente no cantor do super-homem o profeta do Terceiro Reich, trata-se de examinar as relações que acontecem entre um pensador tão "inatual" e a cultura e a ideologia do próprio tempo e também as relações (momentos de continuidade e rompimento) que acontecem entre a cultura e a ideologia dos anos 1800 e aquela própria do nazismo (deve-se dar uma atenção toda particular à história da eugenética e da ideologia colonial).

Ao interpretar Nietzsche, não há sentido contrapor como unicamente significativos os motivos fascinantes aos repugnantes, ou estes àqueles, no âmbito de uma leitura ao mesmo tempo eclética (perdem-se de vista o rigor e a unidade de fundo do pensador) e arbitrária (procede soberanamente em suas escolhas e amputações). Aquela mesma radicalidade do projeto reacionário que estimula por outro lado uma forte tensão desmiticadora e resultados teóricos de grande relevância é o que estimula certas palavras de ordem francamente revoltantes. A trágica grandeza do filósofo, o fascínio e a extraordinária riqueza de sugestões de um autor capaz de repensar toda a história do Ocidente e de se colocar, bem além da atualidade, no terreno da "longa duração", tudo isso emerge plenamente apenas se, renunciando a remover ou a transfigurar em um inocente jogo de metáforas suas páginas mais inquietantes ou mais repugnantes, ousamos olhá-lo nos olhos pelo que realmente é, o maior pensador entre os reacionários e o maior reacionário entre os pensadores.

Referências

Edições

COLLI, G.; MONTINARI, M. (Org.) *Werke. Kritische Gesamtausgabe.* Berlim-Nova York: De Gruyter, 1967 ss.

_____. *Sämtliche Werke. Kritische Studienausgabe in 15 Bänden.* Munique-Berlim-Nova York: De Gruyter--DTV, 1980 (edição diferente da anterior apenas por sua agilidade ou manuseabilidade).

_____. *Nietzsche Briefwechsel. Kritische Gesamtausgabe.* Munique-Berlim-Nova York: De Gruyter, 1975 ss.

NIETZSCHE, F. W. *Der Wille zur Macht. Versuch einer Umwertung aller Werte.* Ausgewählt und geordnet von Peter Gast und Elisabeth Förster Nietzsche. Stuttgart: Kröner, 1964.

Em tradução italiana

COLLI, G.; MONTINARI, M. (Org.) *Opere di Friedrich Nietzsche.* Milão: Adelphi, 1972 ss.

_____. *Epistolario di Friedrich Nietzsche.* Milão: Adelphi, 1976 (dois volumes).

HEIDEGGER, M. *Nietzsche,* Pfullingen: Neske, 1961. Milão: Adelphi, 1994.

JANZ, C. P. *Friedrich Nietzsche biographie*. Munique: DTV, 1981. Roma-Bari: Laterza, 1980-1981.

KAUFMANN, W. *Philosopher, psychologist, antichrist*. Florença: Princeton University Press, 1950, Sansoni, 1974.

LOSURDO, D. *Le catene e i Fiori*. *La critica dell'ideologia tra Marx e Nietzsche*, *in:* Hermeneutica (Urbino), n. 6, 1987.

LÖWITH, K. *Nietzsches Philosophie der ewigen Wiederkehr des Gleichen* (1935). Roma-Bari: Laterza, 1982.

LUKÁCS, G. *Die Zerstörung der Vernunft*. Berlim: Aufbau Verlag, 1954. Turim: Einaudi, 1969.

NIETZSCHE, F. W. *La volontà di potenza*. Nova edição italiana de M. Ferraris e P. Kobau. Milão: Bompiani, 1994.

VATTIMO, G. *Il soggetto e la maschera*. Milão: Bompiani, 1974 (2. ed., 1983).

Esta obra foi composta em CTcP
Capa: Supremo 250g – Miolo: Pólen Soft 80g
Impressão e acabamento
Gráfica e Editora Santuário